植物源功能农产品产业发展态势

◎刘 鹏 著

中国农业科学技术出版社

图书在版编目（CIP）数据

植物源功能农产品产业发展态势 / 刘鹏著. -- 北京：中国农业科学技术出版社，2024.2
ISBN 978-7-5116-5668-1

Ⅰ.①植… Ⅱ.①刘… Ⅲ.农产品—农业产业—产业发展—研究—中国 Ⅳ.① F326.5

中国版本图书馆 CIP 数据核字（2021）第 275223 号

责任编辑　白姗姗
责任校对　李向荣
责任印制　姜义伟　王思文

出 版 者	中国农业科学技术出版社 北京市中关村南大街 12 号　邮编：100081
电　　话	（010）82106638（编辑室）　（010）82106624（发行部） （010）82109709（读者服务部）
网　　址	https://castp.caas.cn
经 销 者	各地新华书店
印 刷 者	北京建宏印刷有限公司
开　　本	148 mm×210 mm　1/32
印　　张	4
字　　数	70 千字
版　　次	2024 年 2 月第 1 版　2024 年 2 月第 1 次印刷
定　　价	48.00 元

◆━━ 版权所有·侵权必究 ━━◆

根据马斯洛的需求理论，人的需求处于生存、安全、品质这样一个由低到高不断演进的过程之中。自改革开放以来，我国国情发生了巨大变化。随着社会的进步，经济的发展，人们的物质文化生活极大丰富，生活水平观念随之改变。在经历了吃饱、吃好的阶段后，人们健康保健意识逐渐加强，健康、保健成为社会的新需求，大健康相关产业成为当下具有广阔发展前景的朝阳产业。

食物供给不足已成为历史。然而，还有一种"隐性饥饿"，即微量营养素摄入不足，已经成为当下威胁人类健康的又一大重要问题。联合国粮食及农业组织资料显示，全球有将近20亿人正在遭受隐性饥饿。在我国，这一数字高达3亿。现代医学和研究发现，70%的慢性病，包括心血管疾病、糖尿病、骨质疏松、肿瘤、肥胖症、亚健康等都与人体微量营养素摄取不均衡有关，与

"隐性饥饿"密不可分。

2016年10月,中共中央、国务院印发《"健康中国2030"规划纲要》,《纲要》提到了要预防重大疾病发生,引导合理膳食,深入开展农产品、食品营养功能评价研究,对重点区域、重点人群实施营养干预,重点解决微量营养元素缺乏问题,推进健康中国建设,简称"大健康战略"。这对于以生产含有功能物质成分的农产品为目的的功能农业是一大利好,功能农产品行业也迎来了历史上最好的发展时机。

植物源功能农产品由于含有一些对人体生理机能具有调节作用的植物次生代谢物,如萜类、单宁类、黄酮类、酚酸类、有机酸类、甾体、生物碱等,很早就被人们认识和研究、挖掘其保健应用价值。我国自古以来也有"药食同源""寓医于食"之说。如《周礼·天官》中提出用"五谷、五味、五药,养其病",对食物功效的作用有了系统的认识和应用。在已有大量科学研究证据的基础上,植物源功能农产品产业已经具有一定规模,覆盖种植、初级农产品、初加工产品、提取物、复配制品等范围。

第一章 植物源功能农产品概述 ………………… 1

第一节 植物源功能农产品及其构成 ………… 2
一、植物源功能农产品 ………………………… 2

二、植物源功能农产品的由来 ……………… 4

三、植物源功能农产品是功能农产品主要组成部分 ………………………………………… 7

第二节 植物源功能农产品分类 ……………… 15
一、营养素强化类 ……………………………… 15

二、免疫调节类 ………………………………… 16

三、基础代谢调节类 …………………………… 17

四、特殊生理功能类 …………………………… 18

第三节 植物源功能农产品主要应用 ………… 19
一、植物源功能农产品满足以健康保健为目的的食物供给需求 ……………………………… 19

二、提取功能成分 ……………………………… 22

三、作为抑菌剂、杀虫剂等特殊用途 …………… 32

第二章　国际植物源功能农产品产业发展情况……… 37

第一节　欧美国家 …………………………………… 38

一、欧美国家植物源功能农产品的发展情况 … 38

二、欧美国家植物功能农产品主要类型 ……… 40

三、欧美国家功能农产品产业相关支持政策 … 43

第二节　日韩国家 …………………………………… 46

一、日本、韩国功能农产品发展历史 ………… 46

二、日本、韩国植物源功能农产品类型 ……… 49

三、日本、韩国功能农产品产业相关支持政策 … 53

第三节　泰国和印度功能农产品产业 ……………… 55

一、泰国和印度功能农产品产业发展情况 …… 55

二、泰国和印度主要植物源功能农产品类型及
特点 ……………………………………… 58

第四节　国际植物源功能农产品产业特点及发展
趋势 ………………………………………… 60

一、产业特点 …………………………………… 60

二、发展经验 …………………………………… 61

三、国际植物源功能农产品市场发展趋势预测 … 65

第三章　我国植物源功能农产品产业发展情况……… 69

目 录

第一节　我国植物源功能农产品产业发展不同
　　　　阶段 ················· 70

第二节　我国与植物源功能农产品相关的主要
　　　　法规政策 ··············· 77
　一、功能农产品相关标准 ············ 77
　二、植物源功能分子提取物相关标准 ······ 84

第三节　我国植物源功能农产品主要类型 ······ 86
　一、天然作物品种及传统育种技术选育的新
　　　品种 ················· 86
　二、生产技术调控生产的植物源功能农产品 ··· 87
　三、植物源功能农产品衍生的提取物或初加工
　　　产品 ················· 89

第四节　国内植物源功能农产品市场规模分析 ··· 91
　一、膳食纤维功能农产品市场情况 ······· 91
　二、全谷物功能农产品市场情况 ········ 93
　三、植物肉相关产品市场情况 ········· 94

第四章 我国植物源功能农产品发展趋势分析 ········ 97

第一节　"健康中国"战略背景下产业利好政策
　　　　分析 ················· 99
　一、大健康产业配套激励政策陆续出台 ····· 99

二、人口老龄化推动健康养老产业发展 …… 100

三、生育政策变化推动妇婴健康保健产业发展… 101

四、中产阶层逐步扩大释放巨大健康消费需求… 102

五、居民日益增长的健康意识为大健康产业发展提供巨大动力 …………………………… 102

第二节　我国植物源功能农产品优势领域 …… 104

一、基础代谢干预类功能产品 …………… 104

二、植物功能成分提取领域 ……………… 105

三、营养强化农作物领域 ………………… 107

四、植物基加工产品领域 ………………… 108

第三节　未来发展趋势分析 ………………… 110

第五章　结　语 …………………………………… 113

参考文献 ……………………………………………… 116

第一章

植物源功能农产品概述

第一节

植物源功能农产品及其构成

一、植物源功能农产品

随着社会进步和经济发展，健康已成为人们更加关注的主题。人们对农产品的需求从最初解决温饱、确保安全的阶段，经过种类丰富、质量安全阶段，到现在的品质优良、功能与特色匹配个性化需求阶段。人们对农产品品质有了更高要求，希望其既能提供丰富营养，又兼具保健功能特色。同时，在大健康战略背景下，我国农业也将进入新的发展时期，继高产农业、绿色农业之后，功能农业被认为是第三个发展阶段，农产品的市场结构和消费需求将发生重要变化。

赵其国院士在2008年编写的《中国至2050年农业科技发展路线图》中，提出"农业产品要走向营养化和功能化"，并在其2016年编著的《功能农业》一书中提出了功能农业的概念，即：功能农业一般是指

第一章 植物源功能农产品概述

通过生物营养强化技术或其他生物工程生产出具有健康改善功能的农产品。例如，通过分子育种使农产品中硒、锌、维生素 A 等有益人体健康的微量营养素或其他功能物质（如多糖、花青素等）含量提高，或者在栽培管理、饲养过程中施用微量营养素强化的肥料、添加生物功能物质的饲料，从而获得营养素强化的果蔬、蛋类产品等，均属于功能农业的范畴。具体到市场端出现的产品，包括富含对人体有益的微量元素或功能物质的果蔬、谷物、畜禽肉、蛋、奶等农产品。因此，功能农业生产的农产品，可以认为是功能农产品，能满足人体特定的营养需求，或含有对人体生理健康有益的生物功能物质。

对于植物源功能农产品，尚未有确切的定义，也未见相关的描述性分类。为方便进行讨论，本书从来源上将来自果蔬、谷物等植物的功能农产品称为"植物源功能农产品"，主要包括天然富含某种微量元素或功能物质的果蔬、谷物等植物来源性产品及其初加工制品，也包括通过功能农业技术生产的特殊营养素、功能物质强化的农产品。从功效作用上来看，植物源功能农产品能够满足人体特定的营养需求，且对人体生理活动具有调节功能，作为食物或膳食补充物质对人体健康具有更好的促进作用。

二、植物源功能农产品的由来

中华民族拥有悠久的农耕文化历史，相传神农轩辕氏即华夏的农业神和医药神，因此，"药食同源"这一概念的起源源远流长。西汉刘安《淮南子·修务训》最早记录了神农尝百草的神话："古者，民茹草饮水，采树木之实，食蠃蚘之肉，时多疾病毒伤之害，于是神农乃始教民播种五谷，相土地宜，燥湿肥墝高下，尝百草之滋味，水泉之甘苦，令民知所辟就。当此之时，一日而遇七十毒。"神农时代是人类社会摆脱茹毛饮血的狩猎阶段、步入原始农业种植阶段的时期，神农尝百草，是人类向自然界获取食物的最初方式。西汉《新语》曰："民人食肉饮血，衣皮毛；至于神农，以为行虫走兽，难以养民，乃求可食之物，尝百草之实，察酸苦之味，教人食五谷。"通过"尝百草"，古代人类筛选出了可供种植、食用的植物类食物，包括谷物、蔬菜、瓜果等，同时由于"尝百草"尝到大黄导致腹泻，吃到麻黄导致出汗，吃到藜芦导致呕吐等，人们认识到了一些植物具

第一章 植物源功能农产品概述

有特定的功能，意识到了植物与人体健康之间存在的关联关系，原始的中医药学随之建立和发展起来。

"神农尝百草"的故事说明人们在寻找食物中发现了药物，因此，早期食物和药物区分并不明确。《周礼·天官》中将"医"分为食医、疾医、疡医、兽医，其中食医列为首位。这种"食医""食治"的概念也体现了古人对食物治疗、保健功能的认识。药食两用的杂豆杂粮、果蔬等农作物即为植物源功能农产品。如橘子、粳米、赤小豆、龙眼肉、山楂、乌梅、核桃、杏仁、花椒、小茴香、桂皮、砂仁、南瓜子、蜂蜜等，既可以作为可口的食物食用，又能够当作药材用于治疗，诸多中医著作中对食材的食性都有论述。

植物源功能农产品被认识和应用，最初与天然植物提取物产业兴起密切相关。20世纪90年代，一些植物提取物相继取得食药管理权威部门的认可或市场准入。如大豆异黄酮于1999年10月由美国联邦药品食品管理局（FDA）正式批准作为保健品在美国上市，并确认大豆异黄酮为安全、无毒副作用的健康食品；叶黄素于1995年由美国FDA列入食物补充剂名单；咖啡因被确定为公认安全的食品（GRAS）等。随着植物提取物功能产品种类越来越多，同时其功效、安全性被各个国家监管部门、国际性行业组织、研究机构等认可，大量植物源功能产品以食物添加剂、原料、辅料或者补充剂等产品形式进入国际市场。

随着人们对营养素功能的深入研究，结合现代农业生物技术应用，催生了以富集某种营养素或功能物质的作物开发热潮，以营养强化或特殊功能成分为主题的植物源功能农产品开始发展起来。例如，1972年Rotruck发现硒是谷胱甘肽过氧化物酶的必需成分；1973年，世界卫生组织（WHO）确认硒为人和动物生命活动必需的微量元素，以及硒在生物和医学中研究和应用不断取得一系列成果，迅速带动了富硒功能产品热潮。在维生素方面，1999年，科学家Potrykus等培育出了世界上首例含有β-胡萝卜素的大米，因其外表呈黄色明显区别于其他大米而得名"黄金大米"。随后，经过研究人员继续改良，使得黄金大米维生素A含量大为提高，达到可以用于治疗维生素A缺乏的效果。以维生素A强化的大米为开端，以及后续的叶酸强化的"高叶酸玉米"、不饱和脂肪酸强化的高油酸油料作物等营养素生物强化作物产业发展势头良好。近年来，随着对植物多酚等多种植物生物活性分子的研究深入，相关的富含多酚、叶黄素、γ-氨基丁酸、不饱和脂肪酸等功能因子的作物，以抗衰老、视力保护、情绪管理、神经发育等有益功效受到市场欢迎。植物源功能农产品正迎来最好的发展时机。

三、植物源功能农产品是功能农产品主要组成部分

功能农产品来自农业生产，方便日常膳食应用，且具有调节人体健康的属性，尤其强调一些维生素、矿物质、氨基酸等微量营养素成分，以及生物功能活性物质的健康功效作用。植物源功能农产品作为功能农产品的一大类，是其最重要的组成部分。

首先，植物类能够为人体提供全面的营养素。人类将植物的可食部分作为食物，也伴随着整个人类文明发展历史。常见的植物性食材有100余种。按照食用习惯，可粗略按照主食、果蔬、杂粮杂豆、调味材料加以区分。常见主食，如大米、小麦、玉米等；蔬菜，如白菜、芹菜、南瓜等；水果，如苹果、无花果、樱桃等；杂粮杂豆，如花生、大豆、绿豆等；调味品，如胡椒、

花椒、八角等。人体所需的七大类营养素,即水、蛋白质、脂肪、维生素、矿物质、碳水化合物、纤维素,全部能从植物性食物中获取。如蛋白质,由22种氨基酸组成,占人体重量的16%,构成了血液、肌肉、皮肤、头发、指甲等人体组织和附属结构,也是各种酶、激素和抗体的载体,是人体一切生命活动的物质基础。常见的杂豆杂粮类食物,如黄豆、豌豆、蚕豆、红豆、绿豆、芝麻、藜麦、青稞等,以及加工产品豆腐、豆浆、豆干等,含有较多的蛋白质,可为人体吸收利用,在体内分解成氨基酸后通过转氨基作用再合成人体所需的蛋白质。植物性食物中也富含维生素类物质。如维生素B_{12}具有维持神经系统正常功能的作用,也是红细胞生成不可缺少的重要元素,存在于发酵豆制品(豆豉、豆酱、酱油、豆腐乳)之中,紫菜和海藻类食物中均含有维生素B_{12}。虽然维生素B_{12}是素食者最容易缺乏的维生素,但人体对维生素B_{12}需要量极少,每日摄取维生素B_{12} 2mg足矣,故只需注意食材种类搭配,完全可以做到摄入量充足。植物性食物,尤其是油料作物是人体获取脂肪酸的主要来源。脂肪分布于人体各大脏器之间,是关节和神经组织的隔离层,保护身体组织,避免

第一章 植物源功能农产品概述

机械摩擦，起着保温、固定作用。在主食谷物类和水果蔬菜中，脂肪含量极少，但是油料作物如大豆、花生、油菜籽、芝麻中含有大量脂肪酸，并且有利于人体健康的不饱和脂肪酸含量显著高于动物性油脂。因此，无论是大量营养素，还是微量营养素，只要在日常膳食中进行科学合理搭配，完全可以通过植物性食物获取人体所需的全部营养素。

其次，植物源功能农产品所富含的特殊功能性物质，一般与植物成分的天然生理功能有关。如一些多酚类化合物是植物在生长过程中产生的次生代谢物，是植物重要的分子防御物质。多酚的苯环结构能够吸收紫外光，能够减少辐射对植物细胞造成的损伤；酚羟基结构则具有抗氧化性，可减少植物在遭受干旱、低温等逆境胁迫产生的活性氧自由基损伤。一般来说，进化程度高的植物多酚含量较高，而低等植物如苔藓、地衣、藻类等不含多酚或者含量很少（MANN et al., 1994）。一些多酚能够结合特定的蛋白质，与植物的抗菌抗病、抵御食草动物功能有关。正是由于具有抗氧化、抗菌等生物活性，植物多酚化合物逐渐被人们认识并加以开发利用。随着植物功能成分相关研究深入，越来越多的功能分子物质被发现并阐明其功效，植物源功能农产品也将逐渐成为日常消费中不可或缺的角色。

最后，植物作为特定营养素或生物功能物质的来源，具有转化效率高、容易调控的优势。1959年由Hutchinson最早提出资源可利用性假说（也称为能量限制假说），该理论基于热力学第二定律，认为在生态系统中，当能量以食物的形式在生物之间传递时，食物中相当一部分能量被降解为热量而消散掉（使熵增加），其余则作为潜能用于合成新的组织。所以一个动物在利用食物中的潜能时常把大部分转化成了热量，只把一小部分转化为新的潜能。因此，能量在生物之间每传递一次，一大部分的能量就被降解为热量而损失掉。该理论认为能量在连续的营养级传递过程中不断减少。基于食物链的能量传递特点，各种营养素在食物链连续的营养级传递中不断损失与减少。

以近些年来受追捧的 ω-3 系列多不饱和脂肪酸为例，可对营养素转化效率进行分析。二十碳六烯酸（DHA）和二十碳五烯酸（EPA），是两种最常见的 ω-3 多不饱和脂肪酸。20世纪70年代初，Dyerbery等对格陵兰岛因纽特人流行病学的调查结果引发了人们对两种最常见ω-3多不饱和脂肪酸的关注。Dyerbery发现，以狩猎为生，常食用鱼类、海兽鱼油的因纽特人，他们心血管疾病的发病率很低。受自然环境条件所限，爱斯基摩人的食物以肉食为主，驯鹿、海豹、海象、北极熊、鲸鱼以及一些鱼类、鸟类动物，为因纽特人提供了一年中10个月的食物营养支持，因纽特人只有在短暂的夏季才能采集到少部分根茎、浆果、海藻等植物性食物。他们的这种膳食结构以高热量、高脂肪、高胆固醇饮食为主，但其冠心病、糖尿病等发病率及病死率大约仅是同龄丹麦人的10%。日本的流行病研究资料也表明，沿海渔民的心脑血管病与缺血性心脏病的死亡率低于农民。DHA为4,7,10,13,16,19-二十二碳六烯酸，EPA为5,8,11,14,17-二十碳五烯酸。DHA生化合成可以EPA为代谢底物经不同的代谢路径生成。DHA和EPA的共同生理作用可归纳为6个方面：①抑制血小板凝集；②降低血液中中性脂质；③降低极低密度脂蛋白和低密度脂蛋白的胆固醇及升高高密度脂蛋白胆固醇；④降低血液黏度；⑤炎症反应的调节作用；⑥结合和激活GPR120，抑制巨噬细胞诱导的组织炎症，在体内介导胰岛素敏感性。

人们一般把EPA称为"血管清道夫",认为具有疏导清理心脏血管的作用;DHA是大脑细胞形成、发育及维持细胞功能不可缺少的物质基础,具有补脑健脑的作用。陆地上的食物中很少含有EPA和DHA,淡水鱼类中也只有极少数体内含有微量的EPA和DHA。海洋鱼类及甲壳类海产动物,尤其是生活在深冷海域中的海洋鱼类体内,含有较丰富的EPA和DHA。鲑鱼、金枪鱼是其中EPA和DHA含量相对比较高的鱼类。而大部分鱼类所含的DHA自身并不能合成,而是来自光合作用和异养微藻。微藻通过生物合成积累的DHA,在被鱼、虾、贝类摄食后储存于体内,并随着食物链营养层级而富集,故深海鱼中以其他鱼虾类为主的猎食性鱼类DHA含量最高。因此,常见的ω-3多不饱和脂肪酸产品以鱼油为主,并且营养学家也提出了每周食用1次深海鱼来保障不饱和脂肪酸摄入的建议。然而,DHA在商业上也可以从微藻(Crypthecodinium chonii)和裂殖壶菌属(Schizochytrium)中提取。从藻类中提取不饱和脂肪酸,尤其是利用微藻生产DHA具有利用大型藻类和从鱼类产品中获取所不可比拟的优点:①微藻生长繁殖速度较快、DHA产量高。如某些微藻细胞中的DHA

第一章 植物源功能农产品概述

含量高达细胞干重的5%～6%，远高于大型藻类和鱼油中DHA的含量。②通过人为干预可提高产量。微藻细胞结构简单，其生长和代谢易受外界条件的影响，因此可以通过改变培养条件，如温度、光强、培养基组成等促进DHA的合成，还可利用基因工程的方法筛选出高产DHA的藻株。③条件可控，产品品质稳定。利用户外大型水池、光生物反应器等进行微藻的大规模人工培养，可人为精确控制培养条件，不同培养批次均可获得稳定的代谢产物产品。④便于提纯，避免食物链富集效应的不良影响。从微藻中提取DHA，其提取纯化工艺远比从大型藻类及鱼体中提取要简单得多，而且获得的DHA产物不含鱼油的腥味，不含胆固醇，并且没有杀虫剂和重金属的污染，而鱼油提取则可能由于鱼类在生长过程中通过食物链富集效应而含有自然界残留的杀虫剂和重金属。综上所述，从藻类中获取ω-3多不饱和脂肪酸具有高效率、更安全的优势。尽管藻类没有真正的根、茎、叶，也没有维管束，在分类学上不属于植物界，但是藻类能进行光合作用，显示了食物链底层的低等生物在提供特定营养素或生物功能物质方面，具有更好地转化效率和可控性优势。

植物源功能农产品 产业发展态势

此外，分子生物学等的深入研究为充分利用植物功能性成分提供助力。自从第一个植物基因组即拟南芥基因组在 2000 年破译，粮食作物、果树、蔬菜、观赏作物、饮料作物以及药用作物等植物基因组相继加快了破译速度，构建了基因组数据库。有关农作物农艺特征、生理功能、抗逆等关键性状的调控机制已被大量研究——揭示。随着植物生物学研究逐步揭示植物生长发育重要的分子机制，若能充分利用好这些天然植物资源（包括中草药），从中筛选、提取具有特定生物学功能的植物性化合物或特定的功效成分，并通过分子生物学手段辅助筛选，或通过基因工程手段实现精确调控，加快育种过程，必将进一步助推植物源功能性产品产业的发展。而且植物类具有生长繁殖周期短、容易进行人工干预的特点，具有动物类作为研究和干预靶标对象所不能比拟的天然优势。

第二节

植物源功能农产品分类

按传统和习惯,农产品一般分为粮油、果蔬及花卉、林产品、畜禽产品、水产品和其他农副产品六大类。据此,植物源功能农产品可以分为粮油类植物源功能农产品、果蔬花卉类植物源功能农产品、林产品类植物源功能农产品、其他农副产品类植物源功能农产品等。而从市场上产品来看,植物源农产品种类繁多,包括未加工、初加工和提取精制、复配的产品等,诸如富硒农产品、高叶酸产品、药食两用产品、酵素产品、特种健康油产品等。目前关于植物源功能性农产品,未有明确的分类方式。为突出植物源功能农产品的功能属性,建议按照以下功能类型进行分类。

一、营养素强化类

营养素强化类指以满足某种或多种人体所需营养素摄入需求为目标的植物源功能性农产品。例如,针对微量营养素缺乏而培育的富含铁、锌、维生素 A 原等微量营养素的水稻、玉米、小麦、马铃薯等；针对孕期女性对叶酸的补充需求而培育的高叶酸玉米。营养素强化类的植物源功能性农产品包括天然富含某种营养素的植物型产品，如高钙水果、高维生素 C 甜椒，也包括经定向培育、特殊栽培技术生产的植物源功能性产品，例如，定向育种而获得的高油酸大豆油产品、施用含硒肥料生产的富硒红薯产品等。

二、免疫调节类

免疫调节类指含有一些功能成分，已经明确能够通过一定机制增强人体免疫功能，具有抑制炎症、抑制肿瘤细胞增殖等功能类农产品。包括原料及加工产品，如列入国家卫生健康委员会公布的既是食品又是药品的药食同源（食药物质）目录中较为常见的植物性农产品，如红景天、西洋参、党参、绞股蓝等，有些农产品同时也是地理标志农产品。从上述农产品初步提取的多糖，如枸杞多糖、桑叶多糖等，也是免疫调节类的植物源功能性农产品，已经在保健食品加工中有所应用。

三、基础代谢调节类

基础代谢调节类指食材中某种成分可间接性实现对人体糖类物质、脂类物质、蛋白质三大类物质的基础代谢产生有益调节作用的植物源性功能产品。该类产品中主要富含膳食纤维或其他特殊成分，能对一些慢性代谢类相关疾病有良好的辅助性控制作用，如高血压、高胆固醇血症、糖尿病等。日常食用对血脂、血糖、血压具有一定调节作用，但不能代替药物，而是对代谢类疾病相关指标的控制具有辅助作用。如上海市农业科学院培育的降糖大米，其淀粉分子构成中抗性淀粉的含量高，由于抗性淀粉不被肠道消化吸收，因此食用后不会立刻促使血糖升高，有助高血糖人群将血糖控制在合理范围内，并且还能提高胰岛素敏感性。同时其作为大米的其他营养素则并不缺少，同样含有一定的蛋白质、碳水化合物、膳食纤维等。再如依托中国农业科学院作物科学研究所"燕麦品种及相关技术"的科研成果转化开发的"世壮"牌燕麦片，是历经10余年选育工作，从1 492份燕麦资源中筛选出一批降脂效果较好的燕麦品种，经北京协和医院、首都医科大学附属北京安贞医院等18

家医院的五轮动物试验、三轮临床观察，降脂有效率达到 80% 以上，于 1997 年通过了卫生部具有"调节血脂功能"的保健食品证书的审批。此外，从燕麦中提取的燕麦 β-葡聚糖已经作为新资源食品，广泛地应用在生活中，具有很好的保健功能降血糖、降血脂功能。

四、特殊生理功能类

特殊生理功能类指含有对人体某种特定生理功能、生物节律具有调节作用的植物源农产品及其初加工制品等，主要针对一些特殊生理代谢调节需求。这类产品以植物提取物形式居多，如从万寿菊中提取的叶黄素酯类产品，可以缓解视力疲劳，改善眼干涩、视物模糊、眼胀、畏光、眼痛等症状。再如通过研究认识到 γ-氨基丁酸能调节神经系统活动，具有抗焦虑、抗抑郁、缓解压力、调节情绪、缓解精神紧张、稳定血压的作用后，人们通过大米胚芽提取 γ-氨基丁酸作为膳食补充剂来生产保健产品，或者通过生物育种技术开发出富含 γ-氨基丁酸的大豆、小麦、番茄等新品种。

第三节
植物源功能农产品主要应用

一、植物源功能农产品满足以健康保健为目的的食物供给需求

从功能性农产品的基本特点上来看，植物源功能农产品首先具备基本可食用的食物属性，是农业生产活动所获得的种植产品，能够直接或经处理后供人食用，含有人体所必需的基本营养成分。在食用消费中，人们一般筛选天然富含某类营养素，或由于产地原因而富含某些营养素的作物、果蔬产品，作为功能性农产品来食用。如富含花青素的紫薯、血橙，以及近年来颇受关注的富硒类农产品等。

基于对某种营养素的补充需求，人们可针对性地选育富含某种营养素的粮食、果蔬作物，可从日常食物供给角度解决区域性营养素摄入不足问题。例如，1994年，国际水稻研究所的研究人员针对东南亚地区以水稻为主

植物源功能农产品产业发展态势

食人群的矿物质营养缺乏特点,开展了富铁、富锌稻米遗传育种研究。日本自20世纪80年代就开始功能性稻米的研究,20世纪90年代陆续开发出一系列功能性稻米新品种、新产品。此外,基于对某些功能分子作用机制的研究,人们也试图通过调控植物的营养素、功能因子合成,通过分子遗传育种获得具有特殊用途的植物源功能农产品。例如,2014年,比尔及梅琳达·盖茨基金会以600万英镑(约合1 000万美元)资助了澳大利亚昆士兰科技大学詹姆斯·戴尔教授主持开展的一项富含维生素A原的"超级香蕉"生物强化计划。生物强化是指通过基因工程提高农作物营养价值,在这个计划中,詹姆斯·戴尔教授负责研发培育富含维生素A原的香蕉品种,在开展人体实验评估其有效性后,有望为乌干达、肯尼亚等东非国家居民提供更有营养的食物来源,以解决东非地区居民由于食物中缺乏维生素A而带来的儿童免疫系统受损、神经系统发育不良等健康隐患。

植物源功能性农产品除富集某种营养素外,也有少量产品类型特意性地降低某种营养物质含量而使产品适应特殊的营养搭配需求。如大米蛋白质由清蛋白、球蛋白、醇溶性蛋白和谷蛋白4种蛋白质组成,其中,谷蛋白占蛋白质总量的 70% 左右，是大米中可供人体吸收的蛋白质的主要成分。但对于肾病和糖尿病患者而言，摄入蛋白质含量高的食品，会加重病症。由于稻米是日本居民最常见的主粮食物，日本最大的农业基础科学研究机构——日本农业生物资源研究所（Natioanl Institute of Agrobiological Sciences，NIAS）研究人员研发了一种适合肾病和糖尿病患者食用的低谷蛋白含量稻米。该研究以优质水稻品种日本优（Nihomasari）为材料，用化学诱变剂乙烯亚胺处理，通过杂交、回交，结合分子标记辅助选择技术，选育出低水溶性蛋白含量、性状稳定的水稻突变体 NM67。遗传分析表明，NM67 的低谷蛋白性状是由单个显性基因控制的。以 NM67 突变体为亲本，选育出了谷蛋白含量低于 4% 的突变水稻新品种 LGC-1（Low glutelin content-1）。临床应用表明，低水溶性蛋白稻米是糖尿病和肾脏病患者非常有效的食疗辅助食品，对治疗有显著的辅助作用（刘传光 等，2021）。同样，我国著名水稻分子遗传与育种专家万建民院士也开发了一种低谷蛋白稻米 W0868，其谷蛋白平均含量仅为 2.63%，是正常大米的一半，将 W0868 这一低谷蛋白大米替代普通大米作为主食，可减轻慢性肾脏病患者肾脏负担,延缓病程,提高生存质量。该项成果已与福州东泽医疗集团签订了科研成果转化协议,计划种植30 000亩(1亩≈667m^2)W0868稻米,使肾病患者吃上我们中国人自己研制的价廉物美的低谷蛋白大米(俞雨生,2024)。

二、提取功能成分

在明确植物中所含的功能成分及其生物活性、药用价值的前提下,人们按照用途或最终产品的需要,经过物理化学提取分离过程,定向获取和浓集植物中的某一种或多种有效成分,获得植物源功能成分提取物。提取功能成分的过程并不改变其有效成分结构(图1-1)。

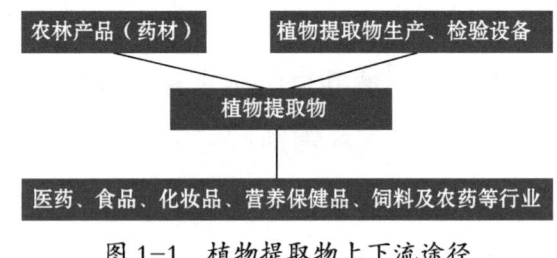

图1-1 植物提取物上下流途径

植物提取物按照活性成分可分为以下几大类。

1. 生物碱类

生物碱也称为植物碱，是一种含氮的、碱性的有机化合物，大多数分子中含有氮杂环，如吡啶、吲哚、喹啉、嘌呤等。生物碱在植物组织内一般以有机酸盐形式存在，少数以酰胺、糖苷和有机酸酯的形式存在。大多数生物碱在化学性质上具有碱性，几乎都难溶于水和醇类，易溶于有机溶剂，其提取物一般无色、味苦。已有的研究数据表明，天然植物中的生物碱，尽管具有一定毒性，但在一定安全剂量水平下，具有抑制细胞端粒酶活性、减少肿瘤扩散以及诱导肿瘤细胞分化与凋亡、抑制肿瘤细胞周期和增殖等显著活性（曹明哲 等，2015）。另外，生物碱是一种新型的免疫调节剂，可作用于T细胞、B细胞、巨噬细胞等主要免疫活性细胞，调节机体的细胞免疫功能和体液免疫功能，具有提高机体免疫功能、减低化疗不良反应等功效。从所报道的研究结果来看，不同的生物碱对免疫调节不尽相同，同一生物碱对免疫细胞的影响也不同，即有些生物碱是双向免疫调节剂（佟丽，2015）。

生物碱种类多样，结构复杂，来源广泛，大多与中药制剂相关。常见的几种生物碱提取物，如对肿瘤细胞具有较强的杀伤作用的喜树碱（喜树碱提取物）、对白血病以及癌症均具有一定治疗效果并且毒性较低的长春碱（长春花碱提取物）、具有较为温和的降低血压作用的萝芙木碱，以及来源于红豆杉的紫杉醇类生物碱、提取自黄连和黄柏的小檗碱类生物碱、提取自苦参和广豆根等豆科的苦参生物碱等。生物碱一直在抗肿瘤治疗领域处于优势地位，因此，进一步探索生物碱的抗肿瘤机制，并且研发新型抗肿瘤生物碱药物将成为未来研究领域的热点。近年来，燕麦生物碱（Avenanthramide）具有优良的抗氧化、抗炎、降血糖和抑制肿瘤细胞增殖等多种活性，现多应用于预防过敏和止痒（王丹 等，2021），在保健应用中具有较大潜力。

2. 黄酮类提取物

黄酮类化合物是一类在自然界广泛分布的多酚类物质。富含黄酮类植物比较多，而且黄酮也广泛地存在各种植物的各个部位，统计显示，大约有22%的植物都有黄酮类的化合物，如银杏、茶叶、葛根、大豆、芹菜、黄瓜、小麦等，在这些植物中萜类化合物的类型最全，结构最复杂，含量也最高。大量研究数据表明，黄酮类化合物具有清除自由基、抗氧化、抗肿瘤、抑菌、抗病毒和调节免疫与脂质代谢、降血糖等功能，近年来对黄酮类化合物的结构、功能等都有深刻的了解，并应用各种高新技术从各种植物中分离、提取了大量的黄酮类化合物，掀起了黄酮类化合物的研究热潮，但对其吸收、代谢机制、活性机理，具有生理功能的活性基团结构、稳定性等方面认识还不够全面和深入。以下为常见的黄酮类提取物。

（1）大豆异黄酮。大豆异黄酮（soybean isoflavones）具有类似于雌激素的分子结构。研究表明，大豆异黄酮对血液系统、神经系统、骨骼系统的功能维持具有重要作用，且具有抗肿瘤、辅助调节血糖、增强免疫力等作用，是一种具有多种功用的生物活性物质。目前，大豆异黄酮只能从部分豆类植物中提取，且其游离型苷元的含量较低，因此对其提取和对其易吸收组分的提纯进行研究具有较大意义。

（2）花青素。花青素（anthocyanidin）又称花色苷，广泛存在于植物中，是一种天然的水溶性色素。花青素是植物花和果实色彩的主要呈色物质，在不同的pH值条件下呈不同的颜色。花青素为黄酮类多酚化合物，由于其结构带有正电，呈离子型，不同于其他黄酮类化合物。花青素结构不稳定，很少以游离态的花青素出现，一般通过与1个或多个糖类分子，如葡萄糖、鼠李糖、阿拉伯糖、半乳糖等，在3、5、7位通过糖苷键取代，形成花色苷而增加其稳定性，尤其是以3位取代的花色苷最为常见。在应用中检测总花青素含量时，常以矢车菊色素-3-O-葡萄糖苷的含量代表总花青素的含量。目前，已在27个科、72个属的植物中发现500多种花色苷。其中天竺葵色素、矢车菊色素、飞燕草色素、芍药色素、牵牛花色素和锦葵色素6种花青素是花色苷最为常见的苷元。花青素由于其苯并吡喃环1位上的O带正电，且结构多羟基，使得花青素有很强的抗氧化能力，因此花青素具有抗氧化、抗衰老、清除自由基、抗炎、抑菌、预防肥胖、心血管保护、降血糖、改善视力、提高认知能力、预防阿尔茨海默病、预防癌症等多种生物活性作用。富含花青素的植物性产品如紫薯等可直接食用，近年来颇受人们欢迎。而以花青素提取物为功能成分的产品大多通过添加辅色素、酚类化合物及酚酸、类黄酮、氨基酸和多肽、蛋白质等提高其稳定性，或者采用微囊化包埋、纳米颗粒、脂质体载体等包埋处理而制成花青素功能性产品（辛宇 等，2021）。

（3）银杏叶提取物。银杏叶提取物自1965年被德国研制以来，在全球均有广泛应用，主要用于神经内科、心内科、老年科、中医科和保健品市场。到2013年，全球市场上银杏叶制剂（含针剂）年销售额达70亿美元。银杏叶提取物的主要活性成分为黄酮类化合物和萜内酯类化合物，黄酮类化合物主要为单黄酮、双黄酮和儿茶素类，而萜内酯类化合物主要包括银杏内酯和白果内酯。此外，银杏叶提取物还含有少量的聚戊烯醇类酯、烷基酚酸类化合物等。银杏叶提取物的最主要用途是天然药物和保健品原料（李明飞 等，2020），在其功能上主要用作抗氧化剂、还原剂、稳定剂、缓蚀剂等，因此银杏叶提取物在化妆品、食品抑菌剂、稳定剂方面也有应用价值。

3. 苷类化合物提取物

苷类化合物是一种糖类和酚类或黄酮类结合的物质，广泛存在于植物中，按苷键分类有氧苷、碳苷、硫苷、氮苷，是众多中药材的活性成分，对机体的呼吸、消化、神经和免疫等系统发挥着重要的作用。苷类化合物提取物一般无色无臭，具有苦味，为酸性或中性；可以溶于水和乙醇当中。常见的苷类化合物提取物有苦杏仁苷、萝卜芥子油等。

4. 有机酸类

有机酸类化合物能够代替抗生素，被用在饲料当中作为防腐剂；还可调节肠道的菌群。以下为常见的有机酸类化合物。

（1）绿原酸。绿原酸具有抑菌、抗病毒感染和抗氧化的作用。

（2）咖啡酸。咖啡酸和绿原酸一样，同样具有抗菌作用，咖啡酸还具有抗紫外线的作用。

（3）酒石酸。酒石酸为葡萄或罗望子里所提取出来，酒石酸最大的作用就是在饮料当中，能够作为添加剂，具有酸性。

5. 多糖类

多糖类的化合物就是为大于10个单糖的物质，具有抗癌防癌、增强免疫力的作用。以下为常见的多糖类提取物。

（1）菌类多糖。菌类多糖虽然提取自真菌，严格意义上不属于植物源成分，但是在实际生产中，食用菌栽培生产归入园艺分类中的"蔬菜园艺"，相关成分提取都归入了生物提取物或植物提取物行业，在此作为多糖提取物来进行描述。如灵芝多糖具有益气补虚、强身健体、延年益寿的作用；香菇多糖具有治风破血、养胃健脾的作用；猴头菇多糖对慢性胃炎具有很好的治疗功效，还能够提高人体的免疫力；冬虫夏草多糖能够增加白细胞数量，提高免疫力和人体自我修复能力。其中，猴头菇菌片、香菇多糖胶囊产品已经是获得批准文号付诸生产和临床使用的药品，分别用于胃炎、癌症的辅助治疗。

（2）药食同源类植物多糖。药食同源类植物多糖在植物的根、茎、叶和果实中均有分布，具有抗菌、缓解抑郁症、免疫调节和调节肠道菌群等多种活性，可作为功能活性成分和治疗药物用于疾病的预防和治疗，由于其食品属性，有关提取物可以列入新资源食品或添加剂使用目录，可以进一步进行加工生产以保健功能为目的的食品产品。如人参、枸杞、芦荟、牛膝、刺五加等均具有显著的药效功能。已有研究表明，蒲公英、覆盆子、山药、百合提取的植物多糖具有很好的降糖作用（许梦粤 等，2023）。

6. 挥发油类

挥发油类提取物具有易挥发的物理性质，能够随着水蒸气蒸馏挥发出来，并且大部分挥发油类提取物具有一定的香气，常被作为精油使用。以下为常见的挥发油类提取物。

（1）薄荷油。薄荷油是薄荷中的主要挥发性成分，在薄荷干茎叶和鲜叶中含油率分别为1.3%～2.0%、0.8%～1.0%，可用作牙膏、香水、糖果和烟草工业的原料。国内外针对薄荷油药理作用的相关研究较多。大量体外和动物试验研究表明，薄荷油营养价值丰富，具有抗炎、抗氧化、抗菌和抗病毒等药理作用。如风油精、红花油等产品都含有薄荷油。中医认为薄荷油具有醒目、利咽、疏肝解郁的作用，在精神不振的时候闻一闻，可以起到醒脑提神的作用（邵佩 等，2022）。

（2）玫瑰精油。玫瑰精油是从食用玫瑰花中提取的无毒、安全、由特殊香味挥发性物质组成的混合物。玫瑰精油在植物油中最负盛名，带有独特的浓郁、芬芳、淡雅花香气味，价格堪比黄金，且用途广泛。玫瑰精油散发的浓郁、自然的香味与玫瑰花的化学物质

第一章 植物源功能农产品概述

构成分不开,这些化学物质有300多种,主要生物活性成分有挥发油、黄酮、多糖、多酚等。玫瑰精油独特的香气,清新不腻,具有养肝、舒经活血的作用,以及镇静、抗焦虑、助眠等功效(梁向平 等,2020)。

我国地域辽阔,是植物资源大国,植物种类繁多,为提取各种功能成分提供了丰富的农林产品原材料资源。尤其是我国中医药文化历史悠久,中药材方面具有独特优势。而且基于中药理论对植物功能成分的认识和应用有深厚积累,在农林产品药材种植方面更处于领先地位。从1975年开始,10年的全国中药资源普查,就已经确认目前我国有中药资源12 807种,其中药用植物11 146种,野生药材总储藏量为850万t,家种药材年产量超过30万t。由于植物提取物行业产业的上游供应主要取决于所需的原材料生产情况,因此,农林产品(药材)种植业的发展直接影响行业的发展。此外,政府对相关产业的扶持政策,促进了行业发展,加之我国高等院校、科研机构在植物学、化学等领域的科研实力较强,可为行业创新提供支持,我国植物源植物功能成分提取行业的发展非常具有潜力。

三、作为抑菌剂、杀虫剂等特殊用途

植物是生物活性化合物的天然宝库,其产生的次生代谢产物超过40万种,如萜类、黄酮类、生物碱类、植物肽类、木脂素、鞣质、多糖类、醌类、酯类、酚类、醛类、醇类、芪类、胺类、皂苷、甾类、有机酸、精油类化合物以及其他新型结构的活性成分等。植物所合成的功能成分物质,大多是植物在生长过程中为对抗某种环境胁迫如干旱、低温或生态压力如竞争抑制、病害、虫害而产生的次生代谢物。部分次生代谢物抗菌活性较强,因此,人们在充分认识这些化学物质功能的基础上,可以将特定种类植物或植物的提取物用于防治虫害、杀灭病菌或抑制细菌生长,由此而制成的植物源保鲜剂、防腐剂是替代化学合成防腐剂的重要资源。

将植物源功能成分用于杀虫具有原料获取容易、方法简单、成本低、安全可降解、生态环境影响小等特点。在早期人类的日常生活中就有大量应用记载。西方国家早在古埃及和古罗马时期就开始使用植物材料进行病虫防治,中国的古籍中也记载了用天然植物驱杀害虫，如《周礼·秋官司寇》记载防除蠹虫的方法："翦氏，掌除蠹物，以攻禜攻之，以莽草熏之，凡庶蛊之事。"1763年，法国人开始使用烟草和石灰混合制剂用于蚜虫防治。我国明朝李时珍所著《本草纲目》中也详述了狼毒、百部、雷公藤、苦参、巴豆、鱼藤根等植物杀虫的应用方法。在近现代研究中，科研工作者一直在对植物中主要拒食和杀虫活性成分的功能开展研究，并开发了植物活性杀虫剂，取得了很大进展。如我国西北农林科技大学无公害农药研究服务中心，筛选了1 500多种植物的杀虫及抑菌除草活性，发现了一批具有应用开发价值的植物品种，并从机理上进行了深入研究。在开发产品方面，采用生物工程技术培养富含生物活性成分的植物细胞和组织，提取有效成分，研制出了以楝素为主要成分的植物源无公害杀虫剂"0.5%楝素杀虫乳油"、以黄花烟草为主要原料的"29%油酸烟碱·氯氰乳油"、植物源无公害复配制剂"2.5%烟碱·楝素乳油"及长春碱、除虫菊素等高活性植物源杀虫剂（张洁，2018）。

另外，植物提取物中功能活性成分如多酚、多糖、黄酮、挥发油、生物碱、萜类化合物等具有杀菌、抑菌作用，随着人们对食品安全的重视也逐渐受到更多关注。初级农产品在储藏、加工成食品过程中容易附着或滋生微生物，从而造成污染。植物源抑菌剂既具有广谱抑菌活性，又具有安全、高效、纯天然的优点，在食品加工、保藏领域中得到广泛应用。目前，已经有研究将茶多酚以溶于和面用水中的方式应用于生鲜湿面杀菌保鲜中，添加量增加至0.6%时抑菌效果已显著增强。除了抑菌作用外，茶多酚还可吸附食品中的异味，保护食品中的维生素及色素作用（张庆霞，2020）。五倍子、五味子、石榴皮、丁香、芦荟5种植物提取物对金黄色葡萄球菌都显示一定的抑制作用，其中用80%乙醇提取的植物成分抑菌活性较强。油橄榄叶的乙酸乙酯提取物也被研究用于食品、医疗中抑菌抗炎。1970年，Juven等报道油橄榄叶的乙酸乙酯提取物有很好的抑菌活性，经分离鉴定主要为橄榄苦苷和苷元，橄榄苦苷能抑制白地霉、根霉和立枯丝核菌的生长。1999年，Bisignano等报道橄榄苦苷可以抑制流感嗜血杆菌、沙门氏菌、金黄色葡萄球菌，一些报道认为橄榄苦苷的抑菌作用可能是破坏细菌的细胞壁使其失去保护，穿透其细胞膜导致细胞膜损害和破裂。

其他天然植物来源的抗菌物质，如辣椒碱、大蒜素、丁香酚、茶多酚、甘露聚糖等植物源抑菌剂也正在进行安全性评估研究及相关应用技术的开发（张媛媛 等，2014）。

第一节

欧美国家

一、欧美国家植物源功能农产品的发展情况

英国市场研究机构 Statista 对全球功能性食品 2015—2024 年销售额进行了统计和预测，其中，美国功能食品市场销售额在全球中的占比始终保持 30% 以上。

美国官方并无功能性食品的具体概念以及针对性的法规框架。现有的食品法规框架通过药品与食品管理部门（FDA）对市场上存在的功能食品进行监管，在美国现有的法律体系中也并无"功能食品"的明确定义。美国 FDA 在 1994 年出台了《膳食补充剂健康和教育法案（DSHEA）》，以及涉及营养标签、食品安全等不同层面的法律法规共同规范着功能食品市场。

值得关注的是，在行业协会和商业机构层面，对于功能食品的定义却有很多表述，其中来自美国膳食协会及美国科学与健康委员会的表述，被认为具有权威

第二章　国际植物源功能农产品产业发展情况

性。两家机构的表述大致如下：功能食品包括全食食品以及强化、浓缩或增强功效的食品，它们作为日常多样化饮食的一个组成部分，当人们摄入一定数量或剂量时，这些食品可对健康产生潜在的有益作用（CM et al., 2009）。

根据 Grand ViewResearch 对美国功能性食品整体销售额的统计和预测，2015 年其销售额大约为 630 亿美元。到 2025 年总量将翻倍，年均增长率约为 6.5%，高于美国整个包装食品行业 5% 的年均增速。膳食补充剂是整个市场中占比最大的类型，其占比基本稳定在 50%。2015 年，美国膳食补充剂的市场规模约为 293 亿美元，到 2024 年，将达到 570 亿美元的规模。从产品品类上来看，维生素类占据了 40% 的比重。往后依次为植物成分、氨基酸、矿物质和酶。因此，植物源功能成分是美国膳食补充剂第二大主要产品构成。

欧盟对于功能食品同样没有立法定义或官方定义，也没有将其列为一个独立的条目，目前将其归于食品条目下管理。因此，在欧洲，功能食品按照现有的所有与食品相关的法律法规，包括组成标签以及声称等进行监管（魏涛 等，2009）。据 2004 年的一项报道，国际生命科学研究院欧洲分部的一个由欧洲专家组成的项目小组给出了关于功能食品的定义：如果一种食物被令人满意地证明除了足够的营养效果外，还有益的影响体内的一种或多种目标功能，其方式与改善健康和幸福阶段和/或降低疾病风险相关，则该食物可被视为具有功能性（魏涛 等，2003）。这个定义作为欧洲权威的学术界定义具有重要的参考价值，它强调了食品的功能性以及与健康声称的对应性。

欧洲作为世界上最大的化妆品、保健食品的市场与生产研发中心之一，传统草药应用历史悠久，现代植物功能成分提取物相关产业起步早、发展快，市场份额占有率高，是全球最大的植物功能成分提取物市场。2005年其规模已达到90亿美元，约占全球植物功能成分提取物市场的34.5%，平均年增长率达6%～7%。据统计，有60%以上的欧洲人使用过植物功能成分提取物相关产品。在欧洲，以植物提取物作为食品、保健品、化妆品的原料非常普遍。

二、欧美国家植物功能农产品主要类型

根据美国现有食品法律和法规框架，功能食品

第二章 国际植物源功能农产品产业发展情况

主要包括下述五大类产品：带有特定声称的常规食品（conventional foods with claims）、膳食补充剂（dietary supplements）、强化食品（fortified, enriched or enhanced foods）、特殊膳食食品（foods for special dietary use）和疗效食品（medical foods）。这些产品一般都在标签上声称食品（或食物成分）与健康的关系。上述五类产品中，膳食补充剂（dietary supplements）的市场份额最大、品种最多。DSHEA 将膳食补充剂定义为：一种旨在补充膳食的产品（而非烟草），可能含有一种或多种如下膳食成分：维生素、矿物质、草本（草药）或其他植物、氨基酸，以增加每日总摄入量而补充的膳食成分，或是以上成分的浓缩品、代谢物、成分、提取物或组合产品等。

欧盟现有的功能食品包括以下几类：膳食补充剂（food supplements）、新食品（novel food）、特殊营养用途食品（food for particular nutritional use，也称作"PARNUTS"）、强化食品，也包括有营养声称和健康声称的普通食品。

与我国植物功能性产品消费偏爱银杏叶、灵芝、人参等药食两用相关主题产品不同，欧美国家对一些草本功能性产品有偏好。下面简单介绍以下3种。

欧夏至草又名悦芙草，属于欧夏至草属，气味宛如百里香，茎干呈方形，在地中海地区分布较多，我国主要分布于新疆伊犁地区。欧夏至草提取物能够镇静安抚、解毒排毒、降低血管充血现象，重塑肌肤健康活力，有效对抗组胺，消除过敏源，减少皮脂生成，帮助舒缓肌肤不适状态。欧夏至草提取物可用作化妆品、洗漱卫生用品、抑菌剂的添加成分。

蔓越莓主要生长在北半球的凉爽地带酸性泥炭土壤中。花深粉红色，总状花序。红色浆果可作水果食用。它是一种表皮鲜红，生长在矮藤上的浆果。蔓越莓含有丰富的维生素A、维生素C、维生素E、花青素、儿茶素等，具有非常好的抗氧化功能。近20年来，一系列科学研究证实了蔓越莓的各种保健作用。蔓越莓富含抗氧化的多酚类物质，在血管健康、视力疲劳改善、延缓脑神经衰老、抗炎、辅助抗癌等方面均有一定积极作用。蔓越莓是最受美国人喜爱的健康原辅料之一，蔓越莓或蔓越莓提取物也在零食、饮料、酸奶中都有添加。

紫锥花，又名松果菊，是原产于北美的菊科植物，美国的原土著居民将它利用来治疗牙痛、喉咙痛、感冒

第二章　国际植物源功能农产品产业发展情况

及传染病。在美国是很受欢迎的药用草本植物，紫锥花相关的产品也是最畅销的保健食品之一。到19世纪末，欧洲也开始盛行栽培。紫锥花含有烷酰胺、多糖类、糖蛋白等有效成分，是使用最广泛的药用植物，一般用于感冒、牙疼、毒蛇咬伤和其他外伤。美国多年以来应用其作为增强免疫的辅助药物，特别是在季节变化和感冒咳嗽多发季节。欧美市场的一些茶叶、软膏、药丸、果汁都包含紫锥花提取物，它还经常与其他草药和水果混合使用。

除此之外，葛根提取物、甜叶菊提取物在欧美市场也较受欢迎。并且随着人们对免疫和脑功能两大健康问题的关注度增加，蘑菇类提取物正迎来巨大的市场上升。最新统计数据显示，一些蘑菇成分在美国市场2020年上半年的销售额增长高达70%，其中就包括灵芝、猴头菇、云芝和白桦茸。

三、欧美国家功能农产品产业相关支持政策

欧美国家对植物功能性产品的认可接受度很高，居民普遍具有通过改善膳食条件和使用膳食补充剂等功能调节性产品来改善健康的习惯。因此，在欧美国家，

植物源功能农产品产业发展态势

主要通过两方面对植物源功能性农产品相关产业提供支持。

一是在监管方面,在具有充分的科学依据前提下,采取合理且略显宽松的管理措施。例如美国企业的自律性较高,消费市场也相对成熟,与其他国家相比较,美国对膳食补充剂的管理有着鲜明的宽松特点。膳食补充剂同时受《营养标签与教育法(NLEA)》《膳食补充剂健康与教育法(DSHEA)》的管理,但美国食品安全管理局(FDA)并不对产品进行注册管理,而是实行备案制,无须上市前的审批,也不发给批准文号。由企业负责成分的安全性和产品功能声称的科学性,FDA则负责市场监督管理和监管。

二是在研发方面,政府注重科技研发促进产业发展。欧洲国际生命科学研究院(Internal Life Science Institute-Europe; ILSI-Europe)自1995年11月开始设立欧洲功能性食品学科(Functional Food Science in Europe; FUFOSE)来推动欧洲的功能性食品相关研究。这是一个由来自10个欧盟国家共54位研究人员组成的10个研究组构成的研究实体,依据人体生理功能分成6项研究重点:消化系统、自由基淬灭与活性氧形成的预防、心血管系统、

第二章　国际植物源功能农产品产业发展情况

物质代谢和代谢性疾病、生长发育及分化、心理功能和行为。

2017年，欧盟决定向其《2007年至2013年研究和创新计划》注入近70亿欧元的研究创新资金，这是欧盟迄今最大的科研资金投入。其中，6.56亿欧元用于医药健康研究；16亿欧元用于新技术转化，包括资助研发人员创办相关企业并实现新技术的跨领域运用；9亿欧元用于推动大学、研究机构和企业的合作与创业活动，资助万名高级科研人员向企业流动；3亿欧元用于发展生态经济，涉及食品安全和开发可持续生态资源。可以看出，欧盟在食品、健康领域研究与成果转化方面加大投入，探索解决关键技术问题，建立行业领先优势。

第二节

日韩国家

一、日本、韩国功能农产品发展历史

日本是较早开始重视功能性农产品的国家，功能性农产品和食品的概念最早由日本提出，日本厚生省提出的定义是：功能食品是具有与生物防御、生物节律调整、防治疾病、恢复健康等有关的功能因子，经过设计加工，对生物体有明显调整功能的食品。20世纪80年代，日本出现老龄化问题，公众的注意力逐渐侧重如何通过日常饮食来预防老年疾病。由于食品中含有多种具有生物活性功能的物质，可以通过调节免疫、内分泌、神经、循环和消化系统来预防疾病。日本开始基于科学研究的认识，设计和制造功能食品。经过一定时间的实践与发展，日本根据功能性农产品的防治疾病功能、生理活动的调节功能等，进行了加工设计，并对功能食品有效性进行分析。功能性农产品的标识申报工作在日本是从2015年

第二章　国际植物源功能农产品产业发展情况

开始的,并制定了有关的功能性食品标识制度。值得注意的是,日本首先被纳入可申报功能性标识的产品大部分为农林产品,即植物源功能农产品,如柑橘、豆芽、绿茶和大麦等,由于此项制度的实施也使得日本国民获得了更多健康相关附加值(荒井综一,2009)。

根据富士经济对日本国内保健功能食品(功能性标示食品、特定保健用食品等)进行的市场调查,2018年日本保健功能食品市场规模为7 115亿日元,比上年增长5.4%,其中功能性标示食品达到1 975亿日元,增加了15.1%。日本从2015年4月1日开始实施功能性标示食品制度,截至2019年8月6日,有效受理件数达到了2 105件。其中特保型功能(脂肪类、血压、整肠、血糖值等)占比为52%,其次是助眠/精神压力/疲劳(11%)、鼻不适/尿酸值等(9%)、护眼(8%)。随着日本老龄化加重以及人们对健康关注度的增高,日本功能食品市场近些年也在扩张。根据欧睿国际数据,2020年日本功能性食品收入超过190亿美元,2014—2020年日本功能食品年均复合增长率达1.5%左右。从全球市场来看,2020年欧美、日本等发达国家人均功能食品支出均在100美元/人以上,其中日本人均功能食品消费已突破 150 美元/人，在全球市场中排名第四。

韩国受我国"药食同源"传统影响，保健品消费人群从幼到老均有涉及，韩国食用保健品的"养生文化"已经深入人心，韩国市场早已存在多种功能性食品、保健食品或食疗食品。在韩国，功能食品被称作"健康/功能食品（Health/Functional Foods，HFFs）"。2002年8月，韩国颁布了《健康/功能食品法》（the Health/Functional Food Act，HFFA），并于2004年1月正式生效。HFFA将HFFs定义为"含有营养成分或其他具有营养或生理功能、以补充正常饮食为目的的物质（浓缩形式）"。韩国科研人员对功能食品的定义为：由具有生理活性的有效成分制作而成的片剂、丸剂、胶囊、粉体、萃取物或各种小颗粒。健康功能食品所拥有的生理活性——即所谓的功能是指某种营养物质可以降低患病发病率或者改善人体健康的能力（胡雅馨 等，2006）。

据了解，2023年韩国生育率从2022年的0.78降至创纪录的0.72，极低生育率导致韩国人口老龄化严重，预计在2065年将会有近50%的韩国人年龄超过65岁，而这些人群将会成为保健品、功能性食品消费的主要人群。同时，韩国养老问题紧张，导致年轻人社会压力加大，加班熬夜、失眠多梦、体重增加等问题频发，社会养生需求激增，韩国保健品已经不再只针对老年群体，在韩国从年轻至年长的各类人群，都在服用保健品。根据 statista 数据显示，2021 年韩国保健功能食品市场规模可达 5.06 万亿韩元，同比上年，增加 0.88 万亿韩元，增长 17.3% 左右，韩国保健品市场拥有巨大需求量。根据韩国保健协会数据，2020 年，韩国保健品市场规模约为 4.98 万亿韩元；2021 年，20～35 岁的人群在保健品消费上较 2020 年增加近 31.9% 左右；预计将在 2030 年超过 25 万亿韩元。

二、日本、韩国植物源功能农产品类型

日本"健康食品"和"保健功能食品"介于食品和药品之间。"健康食品"不得有健康声称，而"保健功能食品"则可以有健康声称。为了规范管理市场上的各类健康相关的食品，日本于 1985 年开始实行"健康食品"认定制度，由日本的健康·营养食品协会（Japan Health Food & Nutrition Food Association，JHFA）认定并管理。JHFA 已批准的产品主要涉及十一大类：蛋白

质类（如牡蛎提取物）、脂类（如含 EPA／DHA 的鱼油、大豆卵磷脂）、糖类（如低聚糖、黏多糖）、维生素类（如小麦胚芽油、含维生素食品）、矿物质类（如含钙食品）、发酵产品（如乳酸菌食品）、藻类（螺旋藻、小球藻）、菌菇类（如蘑菇、灵芝）、草药等植物成分（如绿茶提取物、银杏提取物、越橘提取物）、蜂产品（花粉、蜂胶、蜂王浆），以及其他（如葡萄糖酸、辅酶 Q10）等。由以上得知，日本植物源功能农产品主要以草药类、藻类、菌菇类提取物相关主题为主（马于巽等，2019）。

众所周知，在日本，"植物发酵提取物（酵素）"原料及加工产品很受欢迎，在 2016 年市场规模超过 500 亿日元。而近年来"功能蔬菜"在日本形成了农业升级的一股潮流。如番茄红素有助于保持美丽肌肤，在女性心中有着相当高的知名度。由"村上农园"开发的"西蓝花超级嫩芽"，含有丰富的萝卜硫素，其浓度是普通西蓝花嫩芽的 20 多倍，可谓名副其实的功能性蔬菜。萝卜硫素是西蓝花中所含的微量成分，能增强体内解毒酵素的功能，美国、法国等国家都在研究。据已有的研究结果表明，萝卜硫素能杀死幽门螺杆菌、改

第二章　国际植物源功能农产品产业发展情况

善高血压和心脏病并防止眼睛遭受紫外线的伤害。村上农园开发的"西蓝花超级嫩芽"是由一家美国公司开发出来的，该公司获得了日本国内的生产许可。据悉，销售价格比普通的西蓝花嫩芽贵 100 日元左右，但仍受广大中老年人的欢迎。很多消费者都是看中它对肝脏有好处、对患癌病人有益等的健康效果而购买。由于该产品采用无土栽培不易受天气的影响，一年四季都能稳定向市场提供。日本食品厂家"可果美"销售了一款番茄红素含量比普通番茄高出 1.5 倍的"IAGOME 番茄红素高含量番茄"。据称，番茄红素含量高的番茄在市场上深受 30～50 岁爱美女性的欢迎。其价格虽然比普通番茄贵 400 日元左右，但在室内的"植物车间"里进行栽培，不受季节和天气的影响，在蔬菜紧俏的季节也能按时提供。一家名为"Takii"的种苗公司开发出了一系列具有功能性的蔬菜品种，番茄、胡萝卜、洋葱、白菜等 12 个品种的种子都在该公司销售范围之列。其中有一种叫"小孩儿青椒"（P 太郎）深受市场好评，他们将青椒中含有的多酚量减少到普通青椒的 1/10，而多酚与苦味直接相关，但同时也将维生素 C 含有量提高到普通青椒的 1.5 倍，胡萝卜素提高到普通青椒的 2.2 倍。

植物源功能农产品产业发展态势

韩国健康/功能食品（HFFs）分为日常健康/功能产品和特种健康/功能产品，日常健康/功能产品主要包含以前《食品卫生法》监管下的具有功能声称的部分食品，如营养补充剂、人参及其产品等。在HFFA实施之后，又新增加了绿茶提取物（抗氧化）、大豆蛋白（降低胆固醇）、红曲米（降低胆固醇）、低聚果糖（维持良好胃肠功能）、植物甾醇（降低胆固醇）5种。韩国植物源功能性产品主要是以人参及相关提取物为特色，也包括茶叶、杂豆杂粮相关提取物产品。例如韩国人参品牌"正官庄"，拥有120多年历史，连续10年占据全球人参零售市场第一。"正官庄"注重科研投入，每年在研发领域的投入超过100亿韩元，组建研究团队进行人参栽培和产品研发工作。"正官庄"不仅提供人参原材料产品，以及滋补作用的红参浓缩液，还创新推出了与咖啡融合的"人参奇诺"等多款创意咖啡。2012年，"正官庄"在美国纽约市中心推出了首家海外红参咖啡店，销售红参主题咖啡或甜点。除此之外，"正官庄"还将人参提取物作为化妆品添加剂，开发出红参护肤产品。

三、日本、韩国功能农产品产业相关支持政策

日本是较早开始研究食品的保健功能并进行健康声称管理的国家之一,因此,日本通过较为成熟的管理体系有效促进了功能农产品、健康食品产业发展。日本的功能性食品受消费厅(CAA)的管理。目前,人们所讨论的功能性食品在日本被称作"保健功能食品"(Foods With Health Claims,FHC),实际上是日本健康和营养食品标签系统下的可以标识营养功能的食品的总称。这类食品被分为三类,分别是"特定保健用食品"(Foods For Specified Health Uses,FOSHU)、营养功能食品(Food With Nutrient Function Claims,FNFC)和"功能声称食品"(Foods with Function Claims,FFC)。为推进功能食品的分类发展,同时也为了给消费者提供科学、准确的保健功能食品资讯,指导消费者选择适合自己的产品,日本政府于2005年扩大了个别许可型FOSHU的申请范畴,增加了"规格标准FOSHU""降低疾病风险FOSHU"以及"附带条件FOSHU"(王新喜 等,2020)。

韩国从监管角度,利用政策指向性来鼓励社会资

植物源功能农产品产业发展态势

源不断开拓新领域、激励创新性研究。例如，在注册审批上，韩国对使用列入《健康功能食品法典》的"一般健康功能食品原料"的产品采取备案制度，对新功能和"特定健康保健功能原料"实行注册审批，完成后对产品进行备案。韩国主要对新功能、新原料进行重点审查评价，而不对产品进行逐一审批。同时，韩国正在不断扩大健康功能食品的功能声称范围，"有助于牙龈健康""可帮助呼吸道（气管、支气管）健康"等新功能已于近期发布。同时，根据科学依据充足程度，韩国对健康功能食品的功能声称采取分类分级和比较温和的表述方式，如"有助于""支持""可能"等。韩国政府在审批备案、功能声称方面的政策极大地调动了新功能、新原料等创新性研发的积极性。

第三节
泰国和印度功能农产品产业

一、泰国和印度功能农产品产业发展情况

东南亚国家经济发展现状存在差异，未来各国经济改革重点也各不相同。发展水平较低的经济体应加强产业转移，如越南高速发展的制造业和柬埔寨、缅甸的服装行业以及印度尼西亚的电子行业等。而发展水平较高的经济体则应着眼产业升级，提高附加值，如泰国提出高附加值经济发展模式、新加坡加强投资信息和通信行业以及一系列提高劳动者技能的举措等。2015 年，东盟宣布建成东盟经济共同体，覆盖 6 亿多人口，目前该地区生产总值总额约为 2.8 万亿美元。

东南亚各国中，植物源功能性农产品及相关制品在泰国的发展最为突出。泰国为典型的农业国家，自独立以来至 1999 年下半年，经济开始恢复。2001 年起，实行汽车业自由化，发展很快。泰国是世界第一大橡胶生

产国和出口国，以及第一大木薯和大米出口国。泰国有着悠久的使用天然草药的历史，泰国的古医（即泰医）就是从印度医和中医发展而来。在西医进入泰国之前，泰国人主要依靠泰草药、中草药防病治病，在泰国老一辈人当中仍保持着使用天然药物的习惯，例如使用柠檬草可以用来增加食欲，使用姜来治疗腹痛，使用辣椒来治疗感冒等。泰国的草药还能用来做成牙膏。除此之外，泰国本土医学——泰医，也会基于热带植物食用功效的认识，对泰国饮料、蘸料、干果制品、糕点、汤饮、菜肴等添加天然植物。在泰医的认识中，尽管添加了天然植物成分，食品还是食品。而作为一个旅游业发达的国家，泰国国内生产的绿色保健品和健康食品也受到越来越多国外消费者的认可和青睐，尤其是女性消费者和老年人。2008年，泰国智库泰华农民研究中心通过一项调查发现，消费者非常注重健康保健，愿意付出更多的金钱换取身体的健康。而且泰国国内健康产品厂家商品包装及商品可信度得到改进。与此同时，泰国天然植物原料制作的草药产品或功能性食品，正越来越受到国内外消费者的欢迎和关注。该中心估计，2008年，泰国保健功能产品的市场价值约180亿泰铢（1美元约

第二章 国际植物源功能农产品产业发展情况

合33泰铢），增长约7%，接近2007年的增长水平。其中，健康饮料占42%、一般营养食品（维生素除外）占35%、维生素类占16%及儿童营养补充食品占7%。由此可见，在泰国，植物源功能产品相关的营养食品和衍生提取物市场趋向高速增长。

位于南亚大陆的印度，是全球成长最快的新兴经济体之一、世界十大经济体之一。2022年印度GDP首次超过英国，成为世界第五大经济体。印度在2023年成为世界主要经济体中增长最快的经济体。随着经济发展，印度经济发达市区的年轻人对生活品质要求越来越高，对营养健康、高品质生活有更高的需求，因此对功能性食品、保健营养品的需求也随之上涨。印度民众对卫生、健康改善的迫切诉求，将带动营养健康、个人护理相关产品产业的发展，市场潜力无限。根据一份关于《印度预防健康状况》的报告，到2025年，健身、保健、食品和补充剂、早期诊断和健康追踪等预防保健类产业规模预计将达到1 970亿美元，复合年增长率为22%。目前，印度保健品产业总值约为22亿美元，主要集中在南部地区，在东部地区如安得拉邦、泰米尔纳德邦和西孟加拉邦也有所分布。未来，在保健意识的提升、人口老龄化和生活方式改变3个因素的影响下,印度人对保健品的需求迅速上涨。印度保健品产业是亚太地区增速最快的市场之一。

二、泰国和印度主要植物源功能农产品类型及特点

泰国功能保健产品主要包括:一是维生素、白蛋白、钙类等西式膳食补充剂类型保健品;二是传统的泰国草药及相关制品,包括一些植物类保健制品;三是以中医药食两用滋补材料为主题的中式营养功能产品,包括鱼翅、燕窝、鹿茸、中草药等相关产品。其中,传统的泰国草药相关的植物源功能产品及采用中医类草药制作的植物源功能产品受到国内外消费者欢迎。这是由于在经济压力日益加大及生活方式和社会环境有所改变的情况下,为了减少医疗支出,消费者更乐于服用草药以取代西药,或以国内产品替代价格较贵的国外保健产品。另外,泰国繁荣的旅游经济,也使泰国植物源功能产品在周边国家乃至全世界广为传播。

印度功能性产品主要包括:功能性食品、功能性饮料和膳食补充剂。据报道,保健品在印度城市市场的渗

第二章　国际植物源功能农产品产业发展情况

透率约为 22.5%，而在农村地区则低很多，仅为 6.3%。其中，植物源产品如燕麦、坚果、番茄制品以及提取后的维生素、纤维素等植物源膳食补充剂颇受欢迎。值得注意的是，在植物源功能产品的细分类别中，印度一直是世界上最大的薄荷油、薄荷醇生产国、消费国和出口国。薄荷产品的生产和出口在印度大约有 100 亿卢比的业务。自 20 世纪 80 年代起，由于国际薄荷油和薄荷醇市场前景良好，且印度气候、土壤特别适合薄荷生长，印度农业部门鼓励本国农民大量种植，并出台相关新经济政策支持种植、加工相关产业。低廉的土地、人力成本支撑了印度薄荷油、薄荷醇产业快速抢占国际市场。目前，国际薄荷油和薄荷醇市场，印度产量占 34%。

第四节

国际植物源功能农产品产业特点及发展趋势

一、产业特点

纵观世界,植物源功能性产品作为功能食品的组成部分,已经在世界上取得了不错的发展,尤其是在发达国家,政策框架已较为完善,有力地保障功能性食品相关行业的稳定发展。尽管许多国家对于功能性食品并没有官方的界定,但是从相关的管理框架、政策体系中可以发现许多共性,说明世界各国已对功能性食品的界定有着统一的共识。主要体现为:第一,植物源功能性产品的核心是具有某种特定的生物功效或营养保健功能,这类功能具有对调节人体生理活动有益、增进健康的特点。第二,植物源功能性产品有别于药品。植物源功能性产品可能不仅局限于食品,也可能以卫生护理添加物形式出现,但是与药品相区别。植物源功能性产品不以

第二章　国际植物源功能农产品产业发展情况

治疗为目的服用或使用，而且使用、服用后不能对人体产生不良影响。第三，植物源功能性产品大多与在监管上大多以功能食品归类，按照其功能声称的强弱分类管理。

二、发展经验

植物源功能农产品产业是伴随着大健康产业、功能食品产业潮流发展起来的，从各国植物源功能农产品的发展过程来看，主要有以下经验。

1. 引导型的管理框架体系助力企业创新、产业发展

受经济发展水平影响，功能性食品以及大健康产业在发达国家率先迎来发展潮流。而健康产业较发达的国家政府普遍主动把大健康作为战略性层面的发展方向，从注册审核、监督、备案等管理框架层面积极构建良好的政策环境，并以政策引导来鼓励有关研究机构、企业进行技术创新，并在税收、融资方面提供宽松的政策条件促进成果转化。

2. 植物源功能农产品产业对技术创新的依赖性较强

技术创新是产业发展的主要动力引擎。植物源功能性农产品被消费者认识和青睐，得益于消费者对健康的关注度增加,以及从科学角度对营养学理论的研究突破、重要有效成分的营养功能价值挖掘。同时,注重人力资源、辅助产业、基础服务设施的配套,从各个方面为大健康产业发展提供优良环境。例如,为了有效地促进营养在提升和维持健康方面的作用,协调政府资助的营养学研究,以及相关的产业资源开发、人力培训工作,美国组建了人类营养学研究跨机构委员会(Interagency Committeeon Human Nutrition Research,ICHNR)。该委员会组成包括:美国农业部(United States Department of Agriculture,USDA)、卫生和公众服务部(Health and Human Services,HHS)、国防部(Department of Defense,DOD)、商务部(Commerce Department)、美国联邦贸易委员会(Federal Trade Commission,FTC)、国家航空航天局(National Aeronautics and Space Administration,NASA)、国家科学基金会(National Science Foundation,NSF)、美国国际开发署(United States Agency for International Development,USAID)、环境保护署(Environmental Protection Agency,EPA)、退伍军人健康管理局(Veterans Health Administration,VHA)、白宫科学技术政策办公室(White House Office of Science and Technology Policy,

OSTP）。该委员会起草了《美国国家营养学研究路线图（2016—2021）》，通过政府、学术界和私营实体构建跨部门的合作和公私伙伴关系，来推进路线图的研究工作。很显然，"路线图"计划为美国在营养健康科学领域保持研发领先地位奠定基础，而且这些类型的合作和伙伴关系为大型国际食品产业、健康产业巨头提升行业优势和发展潜力也提供了最直接的技术支撑。

3. 现代化产业链条完整性、集群化发展是竞争优势根基

从国际上看，大健康产业呈现集群化分布特点，并且在优势地区具备较完整的现代化产业链条布局。美国、英国、韩国等大健康产业集群的发展充分证明，除了基于该地区生命科学领域在技术上有积累外，综合、先进的技术成果转化、装备制造、人才培养、产品营销等产业全链条各环节的完整性也对于产业集群化发展、提高竞争力有重要的支撑作用。例如，在纳什维尔地区成立的美国医院有限公司带领整个地区进入了健康经济时代，从健康产业初始人力资源的培育、医疗服务机构创办开始，纳什维尔地区健康产业逐渐形成巨大的网络效应，吸引更多健康产业企业在纳什维尔创立，或迁移至纳什维尔,使纳什维尔都市区健康产业集群逐渐发展成熟(侯韵 等,2016)。我国生物医药和大健康产业集聚发展趋势明显,并以集群化发展为载体,产业链不断完善。京津冀地区、长三角地区和粤港澳大湾区已成为国内生物医药和大健康产业高质量集群发展的重要引擎,吸引了大量企业集聚。国家发展和改革委员会公布的国内17个生物医药产业集群中,京津冀地区、长三角地区和粤港澳大湾区三大产业聚集区占到14个。这些大的集群化发展区域内,研发机构、生产加工企业、健康管理机构、贸易公司、仓储物流等相关产业链条元素基本具备。这种集群化、高完整性链条布局加快了从研发到应用的转化效率,更降低了中间成本,为提高区域产业竞争优势奠定基础。

4. 政府引导的社会资本投资,为大健康产业发展助力

风险投资是助推大健康产业发展的重要手段。根据艾媒咨询研究,2020年第四季度全球医疗健康领域投资项目数共582起,投资总额约147亿美元。其中美洲投资项目数量和金额最高,分别为259起和85亿美元;亚洲紧随其后,投资项目数量共218起,融资金额共46

亿美元。美国在大健康产业各细分领域的投资比重都比较大,其中,健康保健、医疗信息化和生物技术与制药是投资热度较高的领域。植物源功能性农产品行业具有研发周期长、资金沉淀量大、回报缓慢的特点,无法单独依赖企业或政府资金来解决巨大投入,这就需要通过政府加以引导,改善投资环境,做好风险防范的保障,吸引社会风险资本投入。

三、国际植物源功能农产品市场发展趋势预测

从市场规模上看,2019年,全球植物提取物市场达到237亿元,预计2025年将达到594亿元,2019—2025年复合增长率为16.5%。过去十几年的全球植物发展平均增长率为5%左右,随着人们对合成添加剂副作用的担忧,植物药物、草本提取物对健康益处的认识不断增强,以及植物提取物市场研发活动的增长和方便食品的普及,食品和饮料行业对植物提取物的需求也在不断增长。因此,未来植物提取物市场将高速增长。

美国作为全球植物提取物市场风向标,未来植物功能产品的市场体量巨大。根据NBJ数据,2019年草本

植物源功能农产品产业发展态势

膳食补充剂在美国总销售额达到96.02亿美元,比2018年增长了7.5亿美元,比2018年增长8.5%。从2000年以来,美国市场只有在2003年、2010年出现过负增长,总体趋势是增长的,增长幅度5%左右,2020年的增长率超过了10%,为17.3%。美国的膳食补充剂市场预计呈上升趋势。到2024年,美国膳食补充剂市场规模预计将达到567亿美元,植物源功能产品将迎来重大利好时机。

从产品类别上看,受新冠疫情因素影响,消费者对健康关注度空前提高,以提升免疫力、促进全面健康为靶向的植物源功能性产品将迎来市场快速扩张期。

一是作为原料供给端,植物源功能农产品产业在功能物质应用研发带动下迎来跨越发展。全球免疫类食品补充剂市场在2020年为151亿美元,预计到2027年将达到225亿美元;在2020—2027年复合年增长率为5.8%。维矿类、益生菌、益生元等已为消费者熟知,尤其是维生素,预计该类产品2027年达到81亿美元,复合年增长率达到6.1%。除了传统原料外,在新冠疫情背景下,一些对免疫力有增强作用的原料受到格外关注,例如,接骨木、β-葡聚糖、菌类提取物、小檗

第二章 国际植物源功能农产品产业发展情况

碱、萝卜硫素。尤其是小檗碱、萝卜硫素作为植物源功能成分,其相关产品代表了植物源功能农产品的发展情况。以萝卜硫素为例,10年前,萝卜硫素主要用于抗癌的研究,如今也用于增强免疫力的研究。2013年,美国食品药品监督管理局(FDA)通过西蓝花种子水提物的 GRAS(Generally Recognized as Safe)备案。近年来,关于萝卜硫素的研究越来越多,美国国家卫生院的 Pubmed 数据库中可以检索到超过 2 000 篇关于萝卜硫素的研究论文。而且,大量的临床研究也在开展,如北美临床试验注册中心(http://Clinicaltrial.gov)有近百项临床试验。现有的临床试验已经证明,在缺乏有效药物解决方案的情况下,使用萝卜硫素可获得积极的改善效果。大量研究与临床数据为萝卜硫素成为下个临床相关营养品明星主题词之一作了铺垫,必将带动包括高萝卜硫苷的种源育种、萝卜硫苷提取加工、高活性产品开发等相关萝卜硫素产业的发展与升级。

二是植物源功能农产品本身,作为富含特种营养素或功能物质的主题产品,消费认可度增加,市场规模扩大。如巴西莓(Acai),又名阿萨伊,这种分布于南美洲的热带水果,因极高的抗氧化活性也被列为超级水果。巴西莓在美国作为减肥产品被滥用宣传，后来处于不冷不热的状态。在 2020 年新冠疫情的影响下，人们高度关注免疫产品，尤其是能够满足日常方便摄入、具有新颖性的免疫力食物类产品，开始受到追捧。人们开始关注有着富含维生素 C 和高度抗氧化成分的浆果，在这一背景下，巴西莓消费量高速增长，预计到 2024 年全球巴西莓市场将经历超过 6.12 亿美元的消费增长，复合年增长率超过 11.66%。巴西莓的崛起代表着一种趋势，而诸如接骨木、蔓越莓、沙棘等类似富含抗氧化成分和保健功能物质的超级水果，其增长潜力未来可期。

第三章

我国植物源功能农产品产业发展情况

第一节

我国植物源功能农产品产业发展不同阶段

我国营养功能性植物源农产品以微量营养素强化为代表，相关技术研究起步较晚，虽然近些年来发展势头较好，但与发达国家还有一定差距。总体来看，植物源功能农产品产业经历了3个阶段。

第一阶段是在2000年前后，植物源功能农产品产业处于起步阶段，以天然农产品及其初加工制品为主。

对天然富含特定营养素或功能物质的植物源农产品的功效具备一定认识后，开始追捧一些特色鲜明的植物性农产品。在2000年前后，出现一股以"黑五类"食品引领的特色农产品消费热潮，这一热潮的出现与我国经济发展状况有关。2000年10月11日，中国共产党第十五届五中全会通过了《中共中央关于制定国民经济和社会发展第十个五年计划的建议》，宣布我国"九五"计划胜利完成，人民生活总体上达到小

第三章　我国植物源功能农产品产业发展情况

康水平。而且我国国民经济发展自 2000 年出现重大转机，扭转了从 1993 年开始的经济增长速度连续下滑的局面，国民经济增长速度达到 8%。随着经济条件改善，人们对营养健康开始关注。在这一背景下，中国营养学会于 2000 年制定了《中国居民膳食营养素参考摄入量》，旨在将营养学知识更好地应用于实践，指导我国居民的合理营养。但是人们仍然普遍缺乏对食物营养的科学认知，对营养物质、营养功能的认识更倾向于从外观来区分价值。因此，以黑五类（黑米、黑豆、黑芝麻、黑枣、黑木耳）食品为代表的外观明显区别于其他普通食材的农产品开始备受青睐，主要由于传统中医认为黑色食物补肾养生，而且从科学角度出发，黑色食物也往往富含矿物质、维生素和氨基酸。除了黑五类食品外，还有血橙、紫土豆、黄肉西瓜等农产品。创办于 1994 年的广西南方黑芝麻食品股份有限公司在这一时期，以其主导产品"南方"黑芝麻糊获中国绿色食品标志，成为黑色食品全国第一品牌。其产品通过美国 FDA 认证，取得进入国际市场的通行证，产品市场认可率达 90% 以上，迅速占领了全

植物源功能农产品产业发展态势

国 100 个大中城市和 1 000 个大卖场，并出口 13 个国家和地区，市场占有率高达 70%，营销术中"攻占大上海"案例还成为大学 MBA 教材。同期，也涌现了"智强"核桃粉、"露露"杏仁露、"椰风"芒果汁等知名品牌产品。这一阶段的产品主要以天然产品或简单的磨粉复配加工产品为主，未真正形成较大规模产业，而且产品以品牌营销盈利为主，通过产业链传导对农业的带动影响有限。

第二阶段是以营养强化为主的植物源农产品发展阶段。

人体保持健康不仅需要碳水化合物、脂类、蛋白质等宏量营养素，还需要一些微量营养素，例如铁、锌、硒、碘等 16 种矿物元素，以及维生素 A、维生素 E、叶酸等 13 种维生素。如果这些必需的微量营养素长期摄入不足，会导致人体出现发育不全、体力下降、脏器功能受损等健康问题，乃至发生疾病。据世界银行组织统计，全世界约有 20 亿人口由于缺乏这些微量营养素而导致健康受损，"隐性饥饿"导致的智力低下、劳动能力丧失、免疫力下降等健康问题，造成的直接经济损失占全球 GDP 的 3%～5%。世界卫生组

第三章 我国植物源功能农产品产业发展情况

织将这一现象称为"隐性饥饿"。我国营养领域科研人员也充分认识到,中国是世界上面临"隐性饥饿"严峻挑战的国家之一。在这一大背景下,2004年11月依托中国农业科学院启动了一项"中国作物营养强化项目"(HarvestPlus-China),通过传统育种技术、分子育种技术,主要在水稻、小麦、玉米和甘薯四大作物上,开展富含微量营养素(铁、锌、维生素A、叶酸等)的营养强化作物新品种筛选、培育、评价和推广工作,预防并减少我国人群中普遍存在的营养不良和营养失衡以及微量营养素缺乏相关疾病的发生。随着学术界和消费者对"隐性饥饿"的研究和认识,以及对微量营养素供给需求的关注,以营养强化为主的植物源农产品相关产业进入发展期。例如,以高维生素、矿物质含量为突出特点的蓝莓相关产业,在这一时期蓬勃发展,迅速成为我国一个发展最快的新兴果树产业。2008年以后,我国蓝莓的栽培面积快速增长,到2015年全国栽培面积达到了31 210hm^2,总产量达到了43 244t。北起黑龙江,南至海南,东起渤海,西至西藏高原,全国规模化种植的省份、直辖市达到了27个。2001—2007年全国蓝莓栽培面积年平均增长率为95.5%，产量年平均增长率为208.7%，2008—2015年栽培面积年增长率为50.9%，产量年平均增长率为81.9%。以蓝莓为典型，这一时期快速发展起来的植物功能农产品产业主要以补充微量营养素为主，如欧李、猕猴桃、紫薯等。同时，从植物中提取富集生物功能成分在这一时期也开始初步形成规模化的产业，涌现出河北晨光生物这样的植物提取物"小巨人"企业。2004年晨光生物规模化萃取辣椒红色素工艺技术取得重大突破，建成了全球首条连续化、规模化的辣椒红萃取生产线，2008年辣椒红色素全球市占率第一，2014—2016年晨光生物辣椒精与叶黄素销量相继成为世界第一。植物提取物产业的发展，也带动了农业特色种植产业发展。

第三阶段是面对营养健康精准需求的快速发展阶段。

2016年10月，中共中央、国务院印发了《"健康中国2030"规划纲要》，并发出通知，要求各地区各部门结合实际认真贯彻落实。伴随着国家对食物营养、居民健康的重视，人们的消费观念也从生存型消费向营养型、健康型和享受型消费的转变。尤其是2020年

第三章 我国植物源功能农产品产业发展情况

以后,受新冠疫情影响,人们尤其重视"健康""家庭营养""提高免疫力"等主题词,消费需求必然经历着同样的转变,一方面,人们对食物营养供给、健康主题的需求更加精准化、具象化,精确到某种营养素的供给补充、某种功效的健康收益;另一方面人们对农产品的来源、安全性、营养品质、品牌等也有更高的要求。受旺盛需求的拉动,各种主打营养功能、品质优化、品牌化的植物性农产品进入快速发展期。植物源功能农产品不仅仅满足人们对特定营养素的需求,更是有一些新型产品满足了对生理功能、慢性疾病的调节作用。例如上海交通大学农学院通过引种驯化,选育获得高含铁量的黑米品种乌贡1号,其糙米含铁量达到 62.77 mg/kg。浙江大学、云南省农业科学院共同选育出系列功能稻米新品种功米1号、功米2号、功米3号和云资粳82号,其中功米3号含高抗性淀粉,饱腹耐饥饿,能延缓葡萄糖的释放与吸收,具有控制血糖及预防糖尿病、减肥、防治便秘和肠道疾病等功能,主要针对糖尿病患者,作为主推品种在云南哀牢山区大力推广。2017年,中国农业科学院在北京启动了"作物营养素代谢机理及营养强化关键技术"

植物源功能农产品产业发展态势

协同创新行动,建立了种质资源、代谢调控、农产品加工、人体营养、社会经济等多学科联合的全产业链研发体系,已培育出 20 多个富含铁、锌、维生素 A、叶酸和健康功能因子的营养强化作物新品种。

第二节
我国与植物源功能农产品相关的主要法规政策

一、功能农产品相关标准

功能农产品涵盖范围较大,并非分类明确、构成单一的产品或行业,因此没有针对性的监管框架。由于植物源功能农产品首先属于农产品,也包括一些初加工产品,同时强调功能属性,因此,需要从农产品、食品、功能声称等角度去探讨其有关监管框架的适用性。

首先,从农产品角度来看,现有农产品安全监管法规条例能够实现对植物源功能农产品在种植、生产环节的规范管控,也有部分功能、营养相关标准体系为植物源功能农产品的品质保障与提升、功效宣传推广提供支持。

农产品的质量直接关系人们的日常饮食与身体健

康。为了更好地保障国民的饮食安全,我国已经构建了颇为完善的农产品质量安全监管和保障体系,针对农产品质量监管而设置的法律法规越来越详细,并伴随时代变化而保持动态修订更新。我国 2006 年出台了针对农产品质量安全的监管法律《中华人民共和国农产品质量安全法》(以下简称《农产品质量安全法》,2022 年修订),主要是从农业生产方面进行规范,保证消费者的权益(李美萱,2023)。此外,颁布了《中华人民共和国环境保护法》《兽药管理条例》《饲料和饲料添加剂管理条例》《农产品产地安全管理办法》等,同时还出台了一些关于农业质量管理和安全的规范性文件(沈立 等,2022),建立并实施了无公害农产品质量管理体系,还规定在农产品批发市场建立验收制度,成立农产品质量安全监管机构,对进入市场的农产品质量安全进行抽样检验。我国对于农产品质量安全的监管有多个环节,参与部门较多,例如农业农村部、国家卫生健康委员会、国家市场监督管理总局等。虽然对农产品质量安全的监管是以政府监督为主导的,但是在农产品质量不符合相对标准要求的情况

第三章 我国植物源功能农产品产业发展情况

下,国家也提倡和鼓励个人或者组织对农产品的质量进行社会监督。现有的监管法规体系能够有效规范植物源功能农产品在种植生产活动,为产品的质量安全提供保障。

近些年,随着人们对农产品品质要求的提高,关于农产品质量等级、品质特性的标准体系也逐步搭建和丰富起来。在农产品类别、质量要求、包装、运输、贮运等方面,有一套农产品质量标准体系,对各环节进行了详细的技术规定。在农产品质量登记方面,也有相应的认证体系。如我国政府主导的公共安全农产品品牌——"三品一标"农产品,即绿色、有机、地理标志和达标合格农产品,形成了一套"三品一标"农产品认证管理标准体系。通过"三品一标"质量认证,农产品质量安全水平取得极大提升,推进了现代农业发展,塑造了我国的农产品品牌,对于打开国际市场、加快我国的农产品产业化有着重要的意义。为了迎合新时期走营养健康型农业发展道路,加快农业生产由满足温饱需求、多样化优质需求向营养健康需求升级的需要,农业农村部成立了农产品营养标准专家委员会，主要负责农产品营养标准的研究、拟定、审定、宣贯、咨询、国际合作交流等工作，推动农业高质量发展和转型升级。

其次，从食品管理角度看，关于功能食品还未有明确的管理框架规范，植物源功能农产品有较为宽松的发展空间。我国从1995年《中华人民共和国食品卫生法》首次赋予保健食品法律地位。随着保健食品产业不断发展，相应的监管制度也随之进行了多次修订完善。2014年之前，我国的功能性食品与保健食品通常被认为是同一种概念，主要是参照1997年国家技术监督局批准的《保健（功能）食品通用标准》（GB 16740—1997）。而在2014年新公布的《食品安全国家标准 保健食品》（GB 16740—2014）宣布替代《保健（功能）食品通用标准》（GB 16740—1997）后，新标准涉及的范围由保健（功能）食品改为保健食品，并规定："保健食品是声称并具有特定保健功能或者以补充维生素、矿物质为目的的食品。即适用于特定人群食用，具有调节机体功能，不以治疗疾病为目的，并且对人体不产生任何急性、亚急性或慢性危害的食

第三章 我国植物源功能农产品产业发展情况

品"。由于不再提及"功能",因此功能性食品与保健食品在官方层面不再作为同一概念出现。2015年新修订的《中华人民共和国食品安全法》将保健食品归为特殊食品,并明确对其采取注册与备案双轨制的管理模式。从现有的资料来看,关于功能性食品的概念仍未形成完全清晰的共识。一般意义上认为功能性食品等同于保健食品。

在此,不妨从富硒植物源农产品相关的标准体系来看,标准体系对于植物源功能农产品行业的促进作用。截至2018年10月,我国共颁布硒相关国家标准35个。最初,硒作为食品中污染成分被限制含量。如1992年《食品中硒限量卫生标准》(GB 13105—1991),以及2005年《食品中污染物限量》(GB 2762—2005)部分取代此前标准,这两个标准分别对粮食品、蔬菜、水果、鱼肉类、乳制品中硒的最高限量做了规定。2012年我国卫生部取消了《食品中污染物限量》(GB 2762—2005)中的硒指标,不再将硒作为食品污染物进行控制。同年,卫生部颁布了《食品安全国家标准 食品营养强化剂使用标准》(GB 14880—2012)。从2015—

植物源功能农产品产业发展态势

2018年，共颁布了6项食品营养强化剂食品国家标准，包括《食品安全国家标准 食品营养强化剂 亚硒酸钠》(GB 1903.9—2015)、《食品安全国家标准 食品营养强化剂 L-硒-甲基硒代半胱氨酸》(GB 1903.12—2015)，《食品安全国家标准 食品营养强化剂 富硒酵母》(GB 1903.21—2016)，《食品安全国家标准 食品营养强化剂 富硒食用菌菌粉》(GB 1903.22—2016)，《食品安全国家标准 食品营养强化剂 硒化卡拉胶》(GB 1903.23—2016)以及《食品安全国家标准 食品营养强化剂 硒蛋白》(GB 1903.28—2018)。在《食品安全国家标准 饮用天然矿泉水》(GB 8537—2018)中对硒含量要求为$\geq 0.01mg/L$。2008年发布的《富硒稻谷》(GB/T 22499—2008)是目前唯一的富硒农产品国家标准。但目前国家标准中尚未有涵盖农产品及食品大类的富硒标准。有关硒的标准发布与实施，在不同时间节点起到了风向标、指挥棒作用，体现了硒元素从不被关注，到被重新认识其功能，再到推广形成富硒产业的一个过程。

目前与富硒农产品及食品相关的行业标准主要针对单个作物制定，包括《富硒茶》(NY/T 600—2002)、

第三章 我国植物源功能农产品产业发展情况

《富硒茶》(GH/T 1090—2014)、《富硒大蒜》(NY/T 3115—2017)、《富硒马铃薯》(NY/T 3116—2017)以及《饲料级亚硒酸钠》(NY 47—1987)的标准等。中华全国供销合作总社2017年发布并实施了《富硒农产品》(GH/T 1135—2017)标准,对种植或养殖过程中通过硒生物营养强化措施生产的富硒农产品中的总硒含量和硒代氨基酸含量(占比)指标进行了规定。各个地方也积极建立地方标准,刺激本地富硒农业的迅速发展。从1993—2018年我国相继制定了125个硒相关的地方标准,包括农产品及食品硒含量分类标准、单品富硒标准以及富硒食品标签等。其中有9个省份(江西、陕西、青海、湖北、广西、重庆、宁夏、福建和河北)相继制定了富硒农产品或富硒食品中硒含量或分类要求。例如,陕西省在2012年推出《富硒食品与相关产品硒含量标准》(DB61/T 556—2012)并于2018年发布了替代标准《富硒含硒食品与相关产品硒含量标准》(DB61/T 556—2018),将富硒与含硒做了明确的区分,同时将农副产品与加工型产品硒含量进行了区分。再如,湖北省在2014年推出《富有机硒食品硒含量要求》(DBS42/002—2014),对食品中硒含量范围进一步细化上限，并对有机硒含量进行了规定，2023年被《食品安全地方标准 富有机硒食品硒含量要求》（DBS42/002—2022）替代。

二、植物源功能分子提取物相关标准

中国是全球植物提取物第一大生产国，美国膳食补充剂80%的原料来自中国。但是，我国的植物提取产业缺乏完整的标准体系。2019年，中国医药保健品进出口商会在其网站发布了《植物提取物团体标准公示通知》。根据《中华人民共和国标准化法》以及《团体标准管理规定》，商会严格按照国家标准制定的程序及规则，2018年立项了16个植物提取物产品标准，经过一年的起草，已经完成初稿，并通过第三方单位复核标准。按照程序，对通过初步审查的枸杞子提取物、杜仲叶提取物、姜黄提取物、总姜黄素、苦荞麦提取物、灵芝提取物、莽草酸、人参提取物、显齿蛇葡萄提取物、新橙皮苷、枳实提取物11个产品标准进行公示。为从更高的战略层面引导我国植物提取物行业健康持续发展，2020年12月26日，国家信息中心经济咨询中心召开《中国植物提取物产业白皮书》与《中国植物提取物产业调研

第三章 我国植物源功能农产品产业发展情况

报告》的评审专家咨询会,酝酿出炉产业白皮书。目前,植物提取物相关的标准中,有1项国家标准,为《含植物提取物类化妆品中55种禁用农药残留量的测定》(GB/T 39665—2020),有20项地方标准,另有95项团体标准。

第三节

我国植物源功能农产品主要类型

一、天然作物品种及传统育种技术选育的新品种

改善居民营养不良状况可通过服用营养素补充剂、食品营养素强化、饮食结构调整等途径，但是这需要大量以政府主导的工作量投入、资金投入或面临改变居民传统饮食习惯的困难，并不太容易实现预期目标。而对既有作物种质资源筛选、定向育种培育，获得营养素强化的作物新品种，通过日常消费的食物来实现特定营养素的补充，是较为简便可行的营养改善途径。

近年来，我国作物营养强化育种发展迅速。2004年，以生物强化技术为基础的中国作物营养强化（HarvestPlus-China，HPC）项目正式启动以来，锌强化小麦、水稻，铁强化小麦、水稻、玉米，维生素A原强化小麦、玉米、甘薯，γ-氨基丁酸强化水稻，萝卜

硫素强化白菜等作物新品种已经培育成功。在此基础上，衍生开发了多种营养强化型加工产品。如甜糯型高叶酸玉米富含叶酸，叶酸含量为 150～200μg/100g 鲜籽粒，是普通玉米的 2～3 倍；高 β-胡萝卜素玉米的中类胡萝卜素含量 37.56μg/g，是普通玉米的 3～5 倍；高花青素甜糯玉米口感好，花青素含量达到 300mg/kg；高叶黄素玉米中叶黄素及其衍生物含量达到 424μg/100g，高花青素甘薯花青素含量为 15～20mg/100g 鲜薯；高 β-胡萝卜素甘薯中 β-胡萝卜素含量为 10mg/100g 鲜薯；高铁水稻中的铁含量可达到 10mg/kg，是普通大米的 2～3 倍。

这些高营养密度品种的选育与推广应用，具有生产简单、不改变消费者饮食方式、应用渠道广泛等特点，为改善居民营养状况、应对微量营养素缺乏引起的隐性饥饿问题，提供了投入产出效率最佳的解决途径。

二、生产技术调控生产的植物源功能农产品

此类产品是农业生产中在富含微量营养素的土壤中种植，或施用微量营养素肥料等生产技术措施调控，使所生产农产品微量营养素含量显著高于普通农产品。目

植物源功能农产品产业发展态势

前主要以富硒、钙、锌、铁等农产品为主。如富硒主粮、果蔬，高铁、高钙蔬菜等。

富硒农产品是典型的植物源功能农产品，我国居民对食品的营养要求日益提高的背景下，人们对于硒元素健康功效的认识逐渐深入，补硒已成为当今养生时尚潮流，国内兴起开发硒资源、利用硒资源、发展硒产业的热潮，目前富硒产业已发展较为成熟。我国主打富硒产业的城市地区不断增多，例如湖北恩施"世界硒都"、陕西安康"中国硒谷"、湖南桃源"中国硒乡"、广西贵港"中国硒港"、福建连城"客家硒都"。江西丰城、宁夏吴忠、青海平安、重庆江津等地方政府，也在打造自己的富硒地域品牌。中国富硒农产品的市场规模在50亿元左右，全国已有21个县生产富硒大米和杂粮，已有硒产品开发专利300多项，其中15项专利获得国际授权；全国生产硒产品的企业有300多家。近年来，在硒元素富集地区种植生产的，以及通过施用无机硒肥料生产的富硒米、富硒茶、富硒大蒜、富硒蔬菜等多种产品走俏市场，富硒产业成为特色鲜明、市场较为成熟、经济效益良好的产业。

三、植物源功能农产品衍生的提取物或初加工产品

农产品也是重要的生产原料，尤其是植物源功能性农产品为食品和保健品行业提供了物质基础。植物提取物可为化妆品行业提供特定功效成分的原料，也可以用于医药领域辅助治疗用途。一些常见的植物源功能农产品衍生的提取物或初加工产品包括植物精油、植物提取物、天然色素、功能性多糖等。

根据观研报告网发布的《2021年中国植物提取物行业分析报告——产业规模与发展规划趋势》数据，截至2021年11月，我国植物提取物生产存续和在业企业数量合计10 144家，1—11月新增376家企业。企业主要分布于广东、陕西和湖南，该区域植物提取物相关企业数量分别为2 974家、1 412家和1 338家。我国的植物提取产品，目前大部分是以我国本身特有的中药及植物资源为开发主体。我国目前用于植物提取的原料主要有银杏叶、青蒿、八角、枳实、红景天、葛根、红车轴草、穿心莲、积雪草、当归、绿茶、人参、葡萄籽、枸杞、水飞蓟、甜菊糖、甘草、大豆、刺五加、山药、淫

羊藿、各种菇菌真菌、罗汉果等,由于这些植物提取产品基本均以中国特有的中草药和植物资源为基础,在国际上几乎无竞争产品。而在植物色素提取物方面,晨光生物是辣椒红色素行业龙头,2018年晨光生物辣椒红色素销售量5 500多吨,同比增长32%,2019年公司辣椒红色素销量5 900多吨,连续12年稳居世界第一,占全球市场份额高达60%。

第四节
国内植物源功能农产品市场规模分析

根据智研咨询发布的《2021—2027 年中国保健食品行业市场发展调研及竞争格局预测报告》显示，2019 年我国保健食品行业销售收入为 3 480.9 亿元，同期进口金额为 234.6 亿元，出口金额为 234.6 亿元，我国保健食品市场规模为 3 585.8 亿元。2009—2019 年我国保健食品行业复合增长率达到 23.07%。而关于植物源功能农产品，目前没有精确、详细的分类数据。在此，以近年来发展较为突出的几种典型类别产品为例来分析市场规模，可为了解国内植物源功能农产品市场情况作为参考。

一、膳食纤维功能农产品市场情况

膳食纤维是一种典型的提取自植物的功能性成分，能够促进肠道蠕动，调节肠道微生态，促进肠道健康。随着人们对健康饮食的关注度不断提高，越来越多的人

植物源功能农产品产业发展态势

开始认识到膳食纤维对于预防疾病、促进消化和控制体重的重要性。膳食纤维以往多作为保健品原料使用，随着市场对这些功能性膳食纤维产品的需求也在不断增加，膳食纤维的应用已逐渐从保健产品延伸到各种食品，如益生菌、饮料、保健品等。可以预见，膳食纤维功能性食品将会在人们的健康选择中占据更加主要的地位。

全球膳食纤维素市场稳步发展，已形成100亿美元市场规模。中国医药生物技术协会膳食纤维技术分会数据显示，2019年，全球膳食纤维行业总产量为86.66万t，产值180.64亿元。我国膳食纤维行业总产量为18.95万t，约为全球产量的1/5，总产值为38.31亿元。2019年，我国膳食纤维产量、产值占全球的比例分别为21.87%、21.21%。预计到2026年，全球膳食纤维行业总产量将达到122.49万t，其间内增长37%；总产值将达到229.13亿元，其间内增长26%。我国膳食纤维行业总产量将提升到30.36万t，6年内增长约52%；总产值将达到55.27亿元，6年内增长41%。预计到2026年，我国膳食纤维产量、产值全球占比分别上升至24.79%、24.12%。

二、全谷物功能农产品市场情况

近年来的研究表明，全谷物食品中的各种营养素构成的"营养素包"可能产生协同增效作用，从而比单个分离的营养素更加有利于人体健康，增加全谷食品的消费可以降低心血管疾病、糖尿病及某些癌症等慢性疾病的危险。因此，全谷物产品也是一种典型的植物功能性农产品，营养价值逐渐被消费者认可，相关产品的加工与消费也开始发展起来。

据英敏特全球新产品数据库统计，2007年世界范围内全谷物新产品比2000年增长了15倍，全球约有2 368种谷物产品进入市场。2016年全球大约有7 533种全谷物食品进入市场，相比2000年的218种增长约35倍。截至2018年，全球61个国家中已有超过12 000种贴有全谷物食品标识的食品。

2021年，中国营养学会团体标准《全谷物及全谷物食品判定及标识通则》（T/CNSS 008—2021），全谷物食品要求全谷物原料质量不少于食品总质量的51%（以干基计）。含全谷物食品要求全谷物原料质量不少于食品总质量的25%（以干基计）。截至2016年，我国新上市

"全谷物"字样的产品累计有 314 款,共 10 个品类。其中烘焙类食品占最大比例,达到 42%。尽管每年新上市的产品中含有"全麦"宣称的产品数量呈现逐年上涨态势,但我国的产品品类较少,主要集中在烘焙、早餐谷物食品和零食,与欧美仍存在巨大差距。

三、植物肉相关产品市场情况

植物肉产品是将各类植物蛋白作为动物蛋白的替代品加入食品中,以达到在结构或味道上能够取代动物制品带来的体验。植物基食品在近些年的迅猛发展中,植物蛋白的原料主要有大豆、椰子、核桃、腰果、燕麦、豌豆等,经过提取、发酵、加工等工序,衍生出了很多品类。占据其中主要份额的为植物肉(模仿红肉或白肉)和植物基饮品。植物肉产品除了能满足人体对蛋白质的需求、有健康收益外,还具有环保属性,因此也是一种具有特色植物功能性产品。

随着全球素食的兴起,国内包括深圳齐善食品、江苏鸿昶食品、宁波素莲食品在内的素食食品厂为顺应市场在电商平台上架了素鸡腿、素猪排、素贡丸等植物肉替代产品。根据星图数据的报告,中国植物基市场的

第三章 我国植物源功能农产品产业发展情况

主要类型为植物肉和植物饮品，2020年上半年植物肉和植物饮品（包含植物奶和植物酸奶）分别占市场份额的30.5%和63.1%，其中60.2%的市场份额为国产品牌。2018年，中国植物肉产业的市场规模约为9.1亿美元，同比增长14.2%，远高于当年GDP增速6.6%。近几年中国植物肉产业的增长率在过去5年中一直稳定在13.5%～15.5%。这一数据表明中国市场的前景可期，但同时相比美国植物肉市场规模增速，中国市场并没有到达顶峰，还有很多的增长空间。商业周刊2021年的报告指出，中国植物肉市场在未来几年预计会占全球市场的一半。

目前，"植物肉""植物奶"等植物基产品市场呈现了一定热度，几乎在所有渠道中都看到了植物性食品的增长。而在后疫情时代，随着消费者健康意识和环保意识的增强，植物性食品在我国具有非常大的发展潜力。

第四章

我国植物源功能农产品发展趋势分析

植物源功能农产品产业发展态势

当前,大健康产业已成为全球热点,我国大健康产业呈现蓬勃发展之势。据艾媒咨询数据,2014—2020年中国大健康产业整体营收不断增加,其中2014年为2.5万亿元,2020年为7.4万亿元。据2017年国家卫生健康委员会预测,2035年我国大健康产业规模将达到17万亿美元。植物源功能农产品行业作为提供原料的前端产业,也必将伴随大健康产业、功能保健品行业迎来良好机遇。

第四章 我国植物源功能农产品发展趋势分析

第一节 "健康中国"战略背景下产业利好政策分析

随着我国在全面迈向基本实现社会主义现代化的道路上快速前进,营养健康需求已经成为人民日益增长的美好生活需要的重要组成部分。尤其是"健康中国"战略实施,引领大健康产业成为促进消费升级和经济提速的重要抓手,为植物源功能农产品产业蓬勃发展提供难得的历史机遇。在这一背景下,植物源功能农产品产业无论在政策获得、资本倾向或是技术创新、人才集聚等方面都迎来难得的发展利好。

一、大健康产业配套激励政策陆续出台

2016年10月,中共中央、国务院颁布实施《"健康中国2030"规划纲要》,明确提出"以普及健康生活、优化健康服务、完善健康保障、建设健康环境、发展健康产业为重点,把健康融入所有政策,加快转变健康领

域发展方式,全方位、全周期维护和保障人民健康",指出"建立起体系完整、结构优化的健康产业体系,形成一批具有较强创新能力和国际竞争力的大型企业,成为国民经济支柱性产业"。近年来,国家及地方政府围绕大健康产业发布了一系列相关政策措施,大健康产业迎来了空前利好的政策环境。2019年7月,国家出台《健康中国行动(2019—2030年)》,围绕疾病预防和健康促进两大核心,提出开展15个重大专项行动,促进以治病为中心向以人民健康为中心转变,实现从注重"治已病"向注重"治未病"转变。疾病防治端口前移,营养健康已经成为日常主题。

二、人口老龄化推动健康养老产业发展

中国老年人口比重相当高。随着社会发展、医疗进步以及计划生育政策的长期实施,老年人口处于逐年呈攀升状态。根据国家统计局2021年5月发布的第七次全国人口普查公报,2020年11月1日,60岁及以上人口为2.64亿人,占18.70%,其中65岁及以上人口为1.906亿人,占13.50%。与2010年第六次全国人口普查相比,60岁及以上人口的比重上升5.44个百分点,65

岁及以上人口的比重上升 4.63 个百分点。预计到 21 世纪中叶，我国 60 周岁及以上人口将超过 4 亿人，老龄化水平推进到 30% 以上。健康养老产业将在很长一段时期内面临巨大的市场需求。

三、生育政策变化推动妇婴健康保健产业发展

国家全面开放两孩政策，将进一步促进生育高峰并带动妇婴健康保健等相关产业发展。自 2016 年国家实行全面两孩政策以来，我国的人口出生率迎来小高峰。2016 年我国全年出生人口达到 1 786 万人，其中两孩及以上占比超 45%。2017 年新生儿人数较 2016 年有所下降，但二胎新生儿比例提升，超过一胎人数，达到 883 万人。第七次全国人口普查公报显示，2020 年 0～14 岁人口为 253 383 938 人，占 17.95%；比 2010 年第六次全国人口普查上升 1.35 个百分点。随着消费升级、"全面两孩"政策红利的释放，无疑将对妇婴相关产业带来可观的前景。

四、中产阶层逐步扩大释放巨大健康消费需求

根据麦肯锡全球研究院预测,在未来 10～20 年,我国中产阶级人数将进一步扩大,到 2030 年中产阶级人数将占中国总人口数的 35%。目前中国中产阶级人数已增长至全球首位,达到 1.09 亿人。伴随着中产阶级人数增加和消费升级,将更加关注健康与生活质量、注重养生保健,健康消费模式将日趋多样化,健康支出比例占自身总支出的比例也会逐步增加。中产阶级也将成为植物源功能农产品消费的一大主力军。

五、居民日益增长的健康意识为大健康产业发展提供巨大动力

进入新时代,居民生活水平日益提高,人民对美好生活向往对营养健康产业提出了新需求。一是城乡居民对营养健康的关注与日俱增。2021 年 9 月,国家卫生健康委员会全国监测数据显示,自 2019 年 10 月健康中国行动合理膳食行动实施两年来,居民营养健康意识不断增强,定期测量体重、血压、血糖、血脂等健康指标的

人群比例大幅提升。二是居民健康消费规模持续扩大。国家发展和改革委员会发布的《2017年中国居民消费发展报告》显示，2017年以来，居民健康消费需求呈现多层次、多样化特点，全国健康消费规模持续扩大，健康消费结构不断优化升级。三是居民健康消费需求日趋多样化。近年来，尤其是新冠疫情发生以来，健康食品、滋养补品、养生膳食、运动健康、美容养颜等领域产品需求快速增加。四是健康消费呈年轻化趋势。调查显示，以90后为主的30岁以下健康消费人群占比超过50%，进而使"养生"成为年轻人群的流行词。科学管理健康、延长寿命、提升生活质量已成为人们高度重视的话题。

第二节
我国植物源功能农产品优势领域

一、基础代谢干预类功能产品

我国自古以来就有"药食同源""寓医于食"之说。周朝所著《周礼·天官》记载，食医位居疾医、疡医、兽医之首，主张用"五味、五谷、五药养其病"。春秋时期的著作《黄帝内经》，着重阐释了药食同源的原理，例如《黄帝内经·太素》中记载："五谷、五畜、五果、五菜，用之充饥则谓之食，以其疗病则谓之药"。对食物功效和饮食营养的关系进行论证。东汉末年药学专著《神农本草经》收录了核桃、大枣、枸杞子等有药效的食物，作为原料配制药膳。唐代孙思邈撰写的《千金要方》专门列有"食治篇"，共收录食物 155 种。明代李时珍的药学著作《本草纲目》收录了食物类药物 300 余种，并列有饮食禁忌等内容。药食两用的植物源农产品在疾病的干预应用中有久远的历史传承。现代营养学研究则为基础代谢类疾病干预的机制提供了理论支撑。目前,应用高直链淀粉玉米、燕麦 β-葡聚糖对"三高"疾病进行干预,已是共识。富含荞麦碱的荞麦用于复配调节血糖,以及红豆薏米配方应用调节血脂等,已开发了很多产品。因此,我国以传统"药食同源"应用理论基础结合我国丰富的植物性原材料资源,开发代谢干预为主题的植物源功能农产品将会具备独特优势。

二、植物功能成分提取领域

随着科技的快速发展,以增进人类健康和提高生活质量为目标的植物功能成分利用产业已成为全球热点行业。尤其是欧美等发达国家崇尚"回归自然""天然成分",人们对天然、安全的植物提取物原料产品大为推崇。目前,植物提取物原料作为添加剂用于药品、保健品、食品、化妆品等领域,具有刚性需求的特点,也是人们日益追求健康、绿色食品消费理念的体现,植物提取物产业深受医药界、食品界的青睐,发展之势如火如荼。

我国中医历史悠久,医药人员自古重视对植物的性

植物源功能农产品产业发展态势

状、药性的分析,而且我国有着丰富的植物资源。我国植物提取物行业起步较晚,20世纪70年代,国内部分制药厂开始采用机械设备提取植物成分,但这只作为药品制造的一个生产环节,并未发展成一个独立行业。90年代中期以后,随着对外开放程度加深,对外贸易开始兴旺,受政策制约较少的植物提取物行业开始发展起来。21世纪以来,植物提取物行业进入了黄金时期。这一方面源于生活水平的改善和健康意识的增强,带动了人们对植物提取物产品的强烈需求;另一方面受益于更先进的植物提取技术(如酶法提取、超声提取、超临界萃取、微波萃取、膜分离技术等)的应用,极大地提高了生产效率。

根据Innova的数据,2014—2018年,全球使用植物成分的食品饮料增长率达到8%。作为源头,天然提取物的全球认可度也在不断提高,行业规模快速发展,市场需求呈稳定增长。在新的健康保健模式影响下,具备功能性或活性的植物提取产品备受青睐。据国外权威机构分析,预计到2025年全球植物提取物市场规模将达到594亿美元。中国作为重要的植物提取物出口国,在新冠疫情期间仍取得了不错的增长率。2021

年 11 月，我国植物提取物生产存续和在业企业数量合计 10 144 家，1—11 月新增 376 家企业。企业主要分布于广东、陕西和湖南，该区域植物提取物相关企业数量分别为 2 974 家、1 412 家和 1 338 家。晨光生物、莱茵生物、欧康医药是我国在全球植物提取物市场竞争力较强的企业。我国植物提取物产业拥有自然资源优势、集群优势、技术优势，未来将会继续在植物提取物领域占据发展优势。

三、营养强化农作物领域

联合国粮食及农业组织表示，更多地建设以食物为基础的营养型农业能够减少人体微量营养元素缺乏的状况。例如锌、维生素 A 的缺乏是引起隐性饥饿的主要因素，生物强化是目前业界公认的最经济有效的解决手段。自 2005 年中国农业科学院主持开展的中国作物营养强化项目启动以来，已培育出 10 多个营养强化作物品种 / 系，如"甜糯高叶酸玉米""中麦 175"锌强化小麦等。除了传统杂交育种技术手段外，现代分子育种、合成生物学、基因编辑技术等新技术的应用，将加快我国营养强化农作物育种抢占领先优势。

植物源功能农产品产业发展态势

2022年6月,农业农村部官网发布通知,转基因大豆、玉米品种审定标准(施行)印发,我国生物育种产业化应用又迈出重要一步。中国生物育种产业化应用的时代正在形成,在更多现代育种技术的支撑,生物技术性状和优异种质资源构成的新品种将成为具有营养强化农作物育种竞争力优势的必备要素,也将对未来推动生物育种、发展营养强化作物产业带来强劲动力。

四、植物基加工产品领域

随着消费者对营养健康、可持续性、食品安全的关注增加,人们对植物性食品行业的兴趣已经飙升。2020年,植物基食品,特别是植物基肉类的惊人增长超出了市场的预期,这是消费者"饮食转变"的一个明确迹象。中国一直是植物基全球最大的市场。根据欧睿2019年数据显示,中国消费了全球44%左右的植物基类产品。豆浆、豆奶等豆制品已经在中国销售多年,依旧保持着从2014—2019年高达9.4%的年复合增长率。因为大部分中国消费者面临乳糖不耐症的困扰,所以对植物类乳品的接受程度一直很高。在国内市场,已经有多家

第四章　我国植物源功能农产品发展趋势分析

企业在布局植物基酸奶产品，包括伊利、蒙牛、三元、农夫山泉等。不过就目前的发展环境而言，植物基酸奶在国内还存在问题，如消费者认知还处于比较小众的阶段，如产品价格略高、口感问题等。

第三节

未来发展趋势分析

随着当前人们生活水平的不断提升，人们的饮食越来越丰富，人们的膳食结构发生了一些变化，不合理的饮食导致代谢异常乃至产生代谢类紊乱相关疾病的人数逐渐增多，人们开始出现亚健康，也越来越注重健康的高质量饮食，开始注重日常饮食的营养与保健属性。我国在公众营养健康上面临着营养过剩和营养缺乏双重问题，特别是体重超标与肥胖症、糖尿病、高血压、高血脂等代谢综合征类问题凸显。积极推进公众营养健康的全面改善，不断增强健康功能性农产品的开发能力，在营养均衡靶向设计与健康干预定向调控，以及功能保健型营养健康食品与特殊膳食食品开发等方面迫切需要科技引领。因此，作为食物最主要来源，不同类型的植物源功能性农产品及制品开发市场前景十分广阔，展望未来，植物源功能农产品或在以下方面具备较好的发展潜力。

第四章 我国植物源功能农产品发展趋势分析

一是面向代谢综合征患者、婴幼儿以及特殊环境工作人员的植物源调节型功能产品。如将花粉、螺旋藻等作为特殊功能食品的原料来源,能满足不同消费者的需求。如开发面向肥胖人群的减肥需求、面向宇航员的全营养食物等特殊人群所需的植物性食材,以此能满足更多的消费者购买特殊功能食品。

二是免疫健康、情绪健康相关的功能化产品。根据 Innova 的《2020 年消费者调查》,免疫健康将是功能性食品的一个重要增长动力。报告发现,全球 60% 的消费者正在寻找支持他们免疫健康的食品和饮料产品,1/3 的受访者表示,与 2019 年相比,他们对 2020 年免疫健康的担忧有所增加。增幅最大的是 36～45 岁的千禧一代和更年轻的一代。在调查中,选择天然富含营养的食物是实现免疫健康的首要手段之一,仅次于获得充足的睡眠和身体健康。总体而言,全球近 60% 的消费者表示,他们正在寻找食品和饮料来帮助他们实现这一目标。因此,具有特殊免疫调节、情绪调节属性的植物源功能农产品未来将有巨大发展潜力。

三是强调特定营养素或功能分子需求的植物农产品原料。随着植物提取物应用越来越广泛,作为原料,天然植物产品的需求将在很长一段时期内保持热度。例如用于提取叶黄素的万寿菊、用于提取番茄红素的番茄、用于提取辣椒红素的专用辣椒品种等。此外，我国地域广袤，植物资源丰富，尚有大量可用于植物功能成分提取的植物品种有待开发利用，现有的植物资源也可通过定向育种技术培育获得用于提取的专用栽培品种。

第五章

结 语

植物源功能农产品产业发展态势

"功能农业"作为我国农业新兴战略领域，是高产农业、绿色农业、可持续发展农业、营养导向型农业等主题之外一个新的主题，也是保障国民健康的重要抓手。尤其是在大健康战略背景下，我国保健功能产品行业发展势头迅速，营养补充剂和增强免疫力类、生理调节类保健产品均需要植物源功能农产品作为前端产业提供物质基础。因此，发展植物源功能农产品产业能将大农业一二三产业相连接，实现新时期特色农业增收增效。

在植物源功能性农产品产业发展方面，我国一些省区已经通过产学研联合开展布局，谋划未来发展，如山西省建立了山西功能农业研究院，山西农业大学率先建立功能农业专业，面向全省启动评选了首批功能农产品品牌，为功能农产品行业的整体推进树立了省级样板。在局部地区以大健康为主题的产业集群初具规模，植物源功能性农产品产业将成为支撑区域大健康产业发展的物质基础。如安徽省在功能农业发起人赵其国院士大力支持下，跨学科组建了长三角功能农业（食品）研究院，将围绕"功能农业＋功能食品"产业链，主动布局"创新链"，瞄准"农业中功能成分传输规律研究""智

第五章 结 语

慧功能农业标准化技术研发与集成""功能食品精深加工与健康效应评价"三大方向，打造以滁州为中心，立足安徽、面向长三角、辐射全国的一流功能农业与功能食品产业集群。

随着我国农业供给侧结构性改革深入，以及乡村振兴、"健康中国"重大战略的推进，农业高质量发展需要不断发掘新的增长点。"十三五"是功能农业从奠基到发展的关键转折点，实现了从0到1的突破，"十四五"是功能农业从1到100跨越发展的关键时期。有关研究机构、龙头企业已经着力开展营养功能性植物源农产品产业发展相关问题研究，在消费与产业之间建立联络桥梁，寻找促进消费、提升营养功能性植物源农产品内涵与品质的突破点。未来在国家相关监管部门也必将注意到功能农业相关产业发展需求，出台系列激励措施，推动国家农业的高质量发展，为满足人民的高品质生活需求提供保障。尽管这一新兴产业尚处于初始研发阶段，无论在理念创新，产业开发和产业生态构建等上，仍待深入研究与改进。相信随着对植物功能成分研究的深入和新品种、加工技术的开发，植物源功能农产品产业必将会迎来更大、更快的发展。

参考文献

曹明哲, 季宇彬, 辛国松, 等, 2015. 天然植物中生物碱类抗肿瘤药物研究进展. 亚太传统医药, 11（7）: 59-61.

侯韵, 李国平, 2016. 健康产业集群发展的国际经验及对中国的启示. 世界地理研究, 25（6）: 109-118.

胡雅馨, 惠伯棣, 李京, 2006. 韩国的健康功能食品. 中国食品添加剂（4）: 113-116.

荒井综一, 2009. 日本功能食品科技发展现状. 中国食品学报, 9（3）: 1-4.

李美萱, 2023. 农产品质量安全法律监管研究. 法制博览（25）: 142-144.

李明飞, 王成章, 2020. 银杏叶提取物制备、检测及应用研究进展. 现代化工, 40（1）: 29-32.

梁向平, 谢惠春, 2020. 玫瑰精油研究进展. 安徽农学通报, 26（23）: 24-25.

刘传光, 周新桥, 陈达刚, 等, 2021. 功能性水稻研究进展及前景展望. 广东农业科学, 48（10）: 87-99.

马于巽, 段昊, 刘宏宇, 等, 2019. 日本健康相关食品的分类与管理.

食品工业科技,40(7):269-272.

邵佩,张雨迎,钟琳,等,2022.薄荷油的提取、药理作用及微胶囊化研究进展.食品与机械,38(2):235-240.

沈立,谢崇宁,蔡铮,2022.我国农产品质量安全法律制度探究.经济研究导刊(12):159-161.

佟丽,2015.生物碱提取方法及作用研究进展.中国畜牧兽医文摘,31(12):216.

王丹,何怡,赵明义,等,2021.综述燕麦生物碱的研究进展.辽宁大学学报(自然科学版),48(2):140-146.

王新喜,邓勇,2020.日本保健功能食品市场综合治理考察与经验借鉴.食品科学,41(5):331-337.

魏涛,陈文,秦菲,等,2003.欧盟确切定义功能食品.食品与发酵工业(11):62.

魏涛,陈文,秦菲,等,2009.欧盟对功能食品的管理.食品工业科技,30(9):292-295.

辛宇,孙敬蒙,张炜煜,2021.花青素生物活性及制剂的研究进展.食品工业科技,42(17):413-422.

许梦粤,曾长立,王红波,2023.药食同源植物多糖提取方法、结构解析和生物活性研究进展.食品研究与开发,44(19):216-224.

俞雨生,2018-2-23.肾脏病人的福音——低谷蛋白稻米即将上市. https:// www.sohu.com/a/223569371_694629.

张洁, 2018. 中国植物源杀虫剂发展历程研究. 咸阳: 西北农林科技大学.

张庆霞, 2020. 植物源防腐剂的抑菌机理及其在生鲜湿面保鲜中的应用. 食品与发酵工业, 46 (21): 310-316.

张媛媛, 李艳利, 李书国, 2014. 植物源食品防腐剂抑菌机理和效果及在食品保鲜中的应用. 粮油食品科技, 22 (4): 48-53.

赵其国, 尹雪斌, 2016. 功能农业. 北京: 科学出版社.

CM H, AC B, 2009. Position of the American Dietetic Association: Functional Foods. Journal of the American Dietetic Association, 109 (4): 735-746.

MANN J, DAVIDSON R M, HOBBS J B, et al., 1994. Natural Products: Their Chemistry and Biological Significance. Economic Botany, 49 (3): 308.